拉新、留存、促活、转化，快速搭建私域流量池
从入门到精通，让ROI实现翻倍增长的黑客指南

线上活动策划全攻略

张少娜◎著

运营技巧×实战流程×案例解析×引流工具

SPM
南方出版传媒
广东人民出版社
·广州·

图书在版编目（CIP）数据

线上活动策划全攻略/张少娜著. —广州：广东人民出版社，2020. 9
ISBN 978－7－218－14211－1

Ⅰ. ①线…　Ⅱ. ①张…　Ⅲ. ①互联网络—应用—活动—组织管理学—案例　Ⅳ. ①C936－39

中国版本图书馆 CIP 数据核字（2020）第 027879 号

XIANSHANG HUODONG CEHUA QUANGONGLÜE
线上活动策划全攻略
张少娜　著

出 版 人： 肖风华

责任编辑： 赵瑞艳
责任技编： 吴彦斌
封面设计： 张建民
出版发行： 广东人民出版社
地　　址： 广东省广州市海珠区新港西路 204 号 2 号楼（邮政编码：510300）
电　　话：（020）85716809（总编室）
传　　真：（020）85716872
网　　址： http：//www. gdpph. com
印　　刷： 恒美印务（广州）有限公司
开　　本： 787mm×1092mm　1/16
印　　张： 18. 5　　**字　数：** 240 千
版　　次： 2020 年 9 月第 1 版
印　　次： 2020 年 9 月第 1 次印刷
定　　价： 58. 00 元

如发现印装质量问题，影响阅读，请与出版社（020－85716849）联系调换。
售书热线：（020）85716826

前言
PREFACE

网络、通信等基础设施的不断完善，智能手机的快速推广普及，再加上生活节奏日渐加快等诸多因素的综合作用下，流量从线下向线上、从 PC 端向移动端转移已经成为不可阻挡的时代潮流。因此，将营销资源向线上渠道倾斜，必然会成为企业的最好选择。

互联网的自由、开放、去中心化，决定了网络营销具有低门槛、广覆盖、打破时空限制等优势，但这也带来了营销内容泛滥、用户注意力被过度分散等问题。营销内容想要在竞争日趋白热化的网络营销中脱颖而出，绝非一件容易的事情。

从诸多实践案例来看，线上活动能够吸引媒体的广泛关注，为参与者带来体验感、趣味性，加强企业和用户的互动，使双方建立信任关系。因此，举办线上活动将成为企业开展网络营销的一大利器。线上活动以线上选秀大赛、论坛盖楼、创意征集、有奖转发等各类形式为载体，将企业的产品或品牌植入其中，让目标用户享受活动乐趣的同时，帮助企业达成提高产品销量、助力品牌建设等活动目标。

一场成功的线上活动，需要有明确的活动目标、系统完善的活动方案、有力的执行团队等多个组成部分。那些曝光量高达数亿人次的大型线上活动，更是需要2~3个月甚至半年进行准备工作，包括文案创作、活动流程、活动预热、目标用户分析、活动内容设计、应急机制、设置活动奖品等。这些准备工作需要耗费大量的时间与精力，是一项庞大而复杂的系统工程。

然而，很多传统企业仅是将互联网作为一种新的销售渠道，线上活动以单纯的产品促销为主，试图简单粗暴地用价格打动目标用户。但移动互联网时代的消费者对泛滥的硬性广告早已厌倦，尤其是“80后”“90后”消费主体，更加注重产品质量，而商品价格、功能等基本属性对其消费决策影响越来越弱，文化、价值观、生活方式等精神与情感需求的满足占据的权重日渐提升。

互联网不仅是一种销售渠道，更是一种全新的思维模式和经济形态，对人类社会生产生活的方方面面都将产生深远影响。相应地，线上活动的价值绝不仅限于促进产品销售，在助力企业品牌建设、增强企业连接能力、沉淀忠实用户、收集海量数据等方面更有值得我们期待的价值，对线上活动缺乏足够重视的企业很容易被时代洪流所淹没。

从流程视角上，我们可以将线上活动分为准备期、策划期、执行期、推广期、复盘期五个阶段，部分企业可以做好前四个阶段，但往往会忽略活动复盘。之所以出现这种情况，很大程度上是因为这些企业普遍以结果为导向，仅重视最终结果，不关注过程，从而使过程中的问题得不到有效解决，浪费营销资源的同时，还无法达成预期目标。

不同阶段的工作重点存在一定差异，比如，活动准备期要重点做好明确活动目的、主题、形式、时间节点、成本预算等；活动策划期要重点做好活动可行性评估、市场调研、活动预热、制定活动流程与规则、建立应急机制等；活动执行期要做好活动监测与优化、引导口碑传播、用户需求的精准挖掘等；活动推广期要做好内部与外部渠道资源整合、实现推广效果最大化等；活动复盘期要做好建立活动复盘数据指标体系、召开活动复盘会议等。

不同企业因为所在行业、目标用户、发展阶段、利益诉求、竞争环境等因素的差异，导致其适用的线上活动形式、方案、推广渠道、执行策略等也有所不同。因此，笔者创作《线上活动策划全攻略》一书的目的绝不是想要提供一个适合所有企业开展线上活动营销的“万能模板”，这是不可能也是不现实的。但每个行业都有其思维、技巧和方法论，线上活动策划和运营亦是如此。

本书共分为基础运营篇、流程实战篇、运营技巧篇、微信活动篇及直播活动篇五大部分，对线上活动的策划及运营进行了全方位、立体化、多角度的全面剖析。考虑到线上活动策划与运营的系统性和复杂性，再加上本身又强调实操性，引入了星巴克、小米、招商银行、百度地图、美团、淘宝等诸多实践案例，以便为企业提供宝贵的借鉴经验。

在互联网成为水和电一般的基础设施的背景下，线上活动策划与运营应该成为每个营销人员的必备技能。想要做好线上活动营销不能仅是盲目投入大量资源，我们必须掌握其思维、技巧与方法论，这正是笔者创作本书的初衷。无论你是在企业中从事产品及品牌营销推广的员工，还是微博、微信等新媒体平台的公众号运营者，抑或是饱受引流困扰的电商平台卖家，本书都能为你的线上活动策划及运营提供细致入微的专业指导与帮助！

目录
CONTENTS

Part 3 运营技巧篇

PART 1
基础运营篇

- 线上活动策划的基本知识与技巧
- 线上活动策划与运营的实战攻略
- 新媒体活动的运营推广策划方案
- 案例实践：春节红包活动策划技巧

第1章

线上活动策划的基本知识与技巧

线上活动策划的特点与优势

本质上，策划是针对未来行动或目标设计落地方案的过程。为了保证可行性，策划需要结合大量数据去分析。其中，活动策划在企业经营实践中的应用尤为广泛。活动策划是活动能够取得预期效果的关键所在，从诸多实践案例来看，富有创意，具有较高可行性、实操性的活动策划方案，对提高企业产品销量、助力企业品牌建设等具有十分重要的作用。

◆ 线上活动策划的特点

1. 目的明确

线上活动的目的就是获取一定的收益，因此活动必须有清晰、直接、可量化的指标。只有如此，线上活动从策划到落实的各个环节才能有序开展，不会偏离预定的轨道。活动结束之后，要想评价活动效果，首先要看活动最初目标的完成情况。

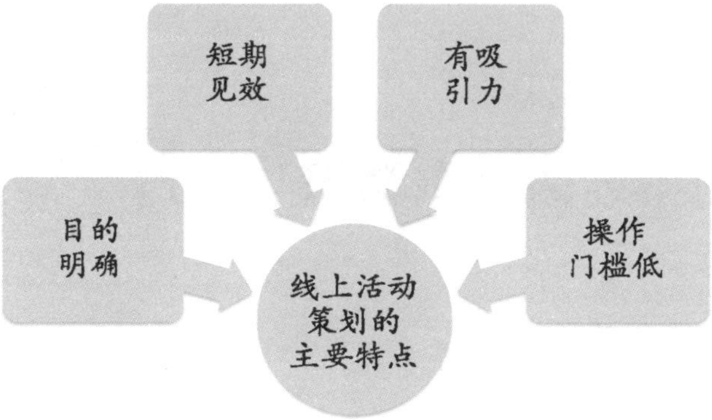

图 1－1　线上活动策划的主要特点

2. 短期见效

线上活动必须要能产生短期的快速拉动效用，这是活动最主要的作用，长期效果要通过运营模式发挥出来。比如，某企业的运营模式是通过微博、豆瓣等平台获取新用户，通过等级积分任务提升用户的活跃度，其达到的是长期效果。在这个过程中该企业需要推出一些活动实现短期拉动，以推动整体持续运转。

3. 有吸引力

一个活动能否吸引人们的广泛参与，关键在于这个活动是否有趣。有趣是吸引用户参与活动的第一步，对活动效果起着决定作用。

4. 操作门槛低

线上活动往往是一个独立的小模块，无需用户长时间、高频率地停留，而能快速开始、迅速上手，因此要对其学习成本与操作成本进行有效控制，将操作门槛降到最低。

◆ 线上活动策划的优势

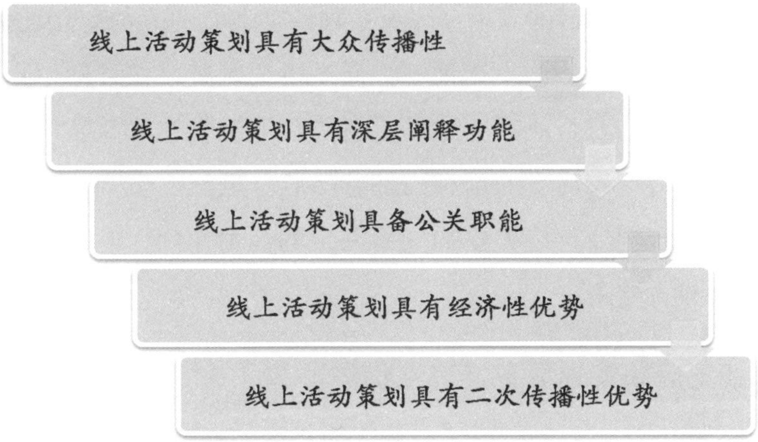

图 1－2　线上活动策划的主要优势

1. 线上活动策划具有大众传播性

优秀的活动策划人员在设计策划方案时，往往会充分考虑到目标用户的互动性及参与感，部分活动策划甚至会考虑活动的社会价值，从而使活动具有较高的新闻价值。这种情况下，活动策划自然就具有了大众传播性的优势。

2. 线上活动策划具有深层阐释功能

单纯地推送广告信息，很难做到企业信息的立体化呈现。而线上活动策划以更具沉浸感、体验感的活动为载体，让用户参与活动过程中的各类场景，向用户清晰、明确地传递各类信息，而且可以有效缓解用户对广告信息的抵触情绪。

3. 线上活动策划具备公关职能

为了保证线上活动的落地实践并达成活动目标，活动策划者必须考虑目标受众及相关部门的需求。线上系列活动在企业界的应用尤为普遍，这类活动围绕某个统一的主题展开，通过持续刺激，在目标用户心中留下较强影响力，助力企业品牌建设，消费者不但能够从商品中获得物质满足，还能获得更高层次的精神与情感体验。虽然广告宣传，特别是和节能环保相结合的公益广告也能发挥一定的公关作用，但它与活动策划相比还存在较大差距。

4. 线上活动策划具有经济性优势

传统广告行业日渐成熟，广告宣传成本议价空间较低，企业投放传统广告时，想要取得良好效果往往要投入上百万甚至上千万元。以 2018 年俄罗斯世界杯为例，调查显示，各国投入的广告费用共 24 亿美元。其中 VIVO、海信、万达等中国品牌的广告投入达 8.35 亿美元，远超排名第二的美国的 4 亿美元。而线上活动成本相对较小，能够让企业和消费者实时交互，更为深入地了解用户，在性价比方面具有明显优势。

5. 线上活动策划具有二次传播性优势

优秀的线上活动能够在社交媒体上引发广泛的话题讨论，使活动实现低成本的大范围传播。最初，线上活动发布后，可能影响的只是小众化的目标受众，然而经过营销人员的引导以及忠实用户的口碑传播后，将会扩大受众范围。

当然，我们需要认识到活动策划在具有上述优势的同时，也存在一些缺点和不足。比如：它要依托传统的广告宣传，如果活动策划方案不佳或执行环节出现问题，可能会让目标受众产生抵触心理。

线上活动策划的形式与类型

从本质上来讲，一场活动就是一个小产品，要关注其是否能满足用户的需求。每一场活动都是一个参与的过程，其中掺杂着用户的认知、参与、分享等行为，要想吸引用户参与到活动中来，就必须使用户的某些特性得到满足。成功的线上营销活动往往都切中了用户的某种心理，从而吸引着用户不断前来参与活动。

线上活动的类型非常丰富，最常见的线上活动有五种，下面对这五种类型的线上活动及其营销方法进行具体分析。

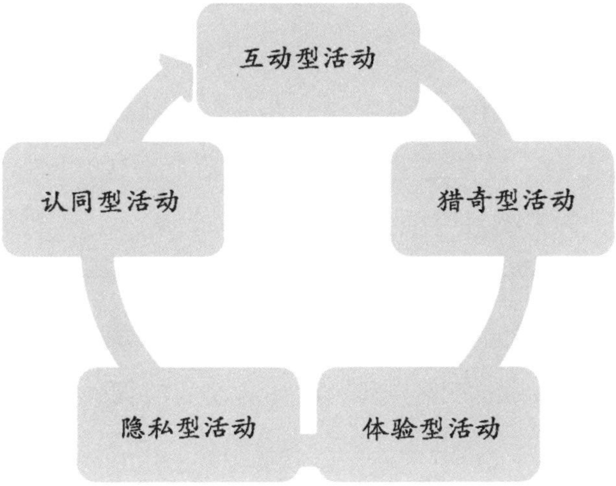

图 1－3　线上活动的五大类型

◆ 互动型活动

活动形式大众化是互动型活动最显著的特征。该活动的潜在参与对象大多有过相关经历，存在强烈的与活动发起方交流、互动的需求，一些微博大V发起的“最奇葩的请假理由”“吃过的最难吃的食物”等话题都属于互动型活动。

互动型活动的要点有三个：一是这类活动要大众化，以便容纳更多人参与；二是这类活动要具有趣味性，以刺激用户产生参与活动的冲动，吸引用户参与；三是活动必须要有用户的互动、参与，如果只是单方面地输出内容，就会失去很多用户。

◆ 猎奇型活动

这类活动具有独特性、新奇性、怪诞性的特征。比如一些标题新奇的新闻的点击量会明显增加，如“孩子听岔一句话，独奔千里找爸爸”等。具体来看，猎奇型活动主要从内容、人物、形式三方面吸引用户。

（1）凭借新奇的内容吸引用户。人都有好奇心，利用人类的好奇心理，活动方可策划一些“违背常理”的活动与话题，比如“学渣大赛”“麻辣烫话题”等来吸引用户关注。

（2）利用新奇的活动对象吸引用户。线上营销活动策划最常用的新奇对象就是明星、校园红人、社会红人等。活动方利用明星、红人来做活动必须具备这方面的资源，虽然这类活动的门槛较高，但其效果却非常好。

（3）利用新奇的活动形式来吸引用户。为吸引用户注意，活动方可借助酷炫的H5形式来策划活动。比如，朋友圈异常火爆的“吴亦凡即将入伍”H5就是其中的典型。之后的美丽说、美的等品牌也开始借鉴这种活动形式，以酷炫的活动来吸引用户关注。

◆ 体验型活动

体验型活动与互动型活动非常相似，二者的区别主要在于，互动型活动是用户与活动方相互沟通、交流，体验型活动则是活动方创造一个环境，让用户在这个环境中去体验、感受。其典型案例有“发呆大赛”“光棍节一日情侣”等活动，这些活动的主旨是创造一个特殊的环境或条件，让用户体验一些从未体验过的事物。

目前，体验型活动属于一种接受度较高的活动形式。体验型活动能使广告形式得以弱化，用户可以直接体验产品或品牌，获得直接的体验感受并产生转换。但是，体验型活动的应用成本较高，对活动方的策划能力有较高的要求。

◆ 隐私型活动

目前，隐私型活动备受非议，但因为其与一些不便于公开的话题与内容相关，所以其传播效果非常显著。其典型活动有“接吻大赛”“BOSS吐槽大赛”等。活动方利用隐私型活动策划线上营销活动需要注意尺度，以免被举报、投诉，引起受众反感。活动方策划隐私型活动时要尽量向“正能量”方向靠拢，以吸引更多用户的追捧与关注。

◆ 认同型活动

目前，在微信平台上，认同型活动是一种非常火爆的活动形式，用户能从中获得某种自我认知和他人的评价。比如，通过“你下半年的运势”等活动用户可以获得某种自我认知，通过“颜值打分”等活动用户可以获得他人对自己的评价。

认同型活动能产生裂变式传播，但其与品牌的关联度比较低，很容易因涉嫌恶意营销被平台屏蔽。

活动方无论策划何种活动，都要从实际出发，对活动目的、活动资源进行区分，选择合适的活动形式，以达到预期的传播、营销效果。

线上活动策划案的撰写思路

在竞争日益激烈的互联网商业时代，线上活动策划已成为商家争夺客户的必备手段，而如何策划出一场足够吸睛、创意十足的线上活动，也自然成为很多企业和营销人员关注与思考的重要内容。

线上活动指的是以网络为依托，在网络上发起并在网络上开展的活动。线上活动在网络上发布信息，招募活动人员，运行活动流程。要想成功地开展一场线上活动，首先要编写一个完整、详细的线上活动策划案。

具体来看，线上活动策划案有两部分，一是创意案，二是执行案，两者相互联系又相互区别。创意案要将活动的基本思路与想法展示出来，执行案则要将活动的所有细节展示出来。

◆ 活动创意案

活动创意案要简洁，要将活动创意展示出来。一般来说，一个线上活动要有 2～3 个创意可供选择。具体来看，创意案的框架比较简单，主要分为创意来源与活动基本内容两个部分，创意案只要将这两部分内容讲清楚即可。

（1）创意来源：创意来源就是活动灵感，最好与当时的热点相结合。

（2）活动基本内容：活动的基本内容包括活动时间、活动主题、活动开展平台、活动开展方式等，创意案要将这些内容清晰地呈现出来。

◆ 活动执行案

在确定了活动创意案之后，活动策划人员要编写活动执行案。有些公司的线上活动策划没有创意案，即便如此，在编写活动执行案之前，活动策划人员也要对这场活动的创意与基本内容进行沟通、交流，以免浪费策划时间。

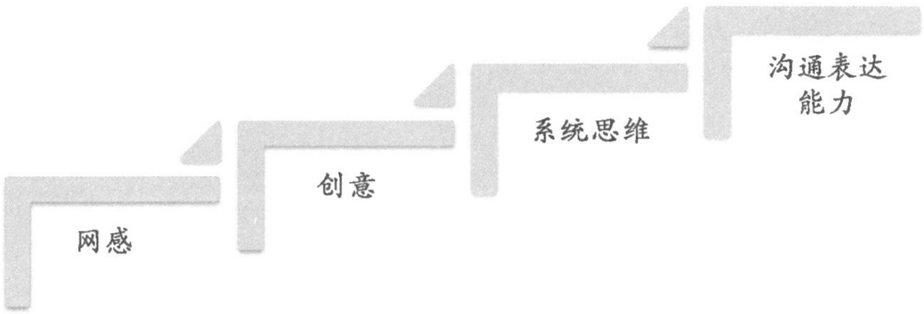

图1-4　线上活动策划人员具备的基本素质

活动执行案的编写对策划人员的策划能力有较高的要求，要想编写一套完美的活动执行案，策划人员要具备以下素质：

（1）网感。了解互联网，尤其要了解微信、微博、豆瓣、贴吧等线上活动平台的特点、运作方法与规律等。

（2）创意。活动平台有限，活动形式基本固定不变，因此，要打造一场成功的线上活动，活动策划人员一定要有别出心裁的创意。

（3）系统思维。从创意到执行，线上活动涉及资源分配问题，需要对市场环境、公司实际情况、产品具体情况进行综合考虑，因此策划人员要有系统思维，用系统思维思考问题，以免犯纸上谈兵的错误。

（4）沟通表达能力。在策划线上活动的过程中，策划人员要与公司不同的部门沟通、交流，因此，要想让活动按照自己的意图开展，活动策划人员就必须具有良好的沟通表达能力，主动与其他部门成员沟通、交流。

◆ 活动运营人员要注意的五个问题

线上活动是短期内提高用户活跃度、吸引更多目标用户的有效手段，但活动运营人员需要注意以下问题：

（1）活动是一种对接用户的手段而非硬性指标任务，不能为活动而活动，要明确每一次活动的初衷和目标。

（2）策划活动时尽可能保持中立客观的态度，不将个人喜好掺杂在活动文案和创意设计中。

（3）活动规则要公平、公正、公开，获奖名单高度透明并及时反馈到用户群中。

（4）活动上线只是工作的开始而非结束，特别是要留意活动中遇到的各种问题。

（5）高度重视复盘工作，分析问题，积累经验，使下一次活动运营得更好。

活动运营能够短期聚合大量目标用户，但这只是运营工作的开始，后期的用户维护和留存对企业来说更为重要，需要活动运营、内容运营、用户运营等多个方面协同发力。

线上活动策划案的八大要素

线上活动策划案包括八大要素，即活动的目的、周期、文案、规则、预算、推广、风控、复盘。

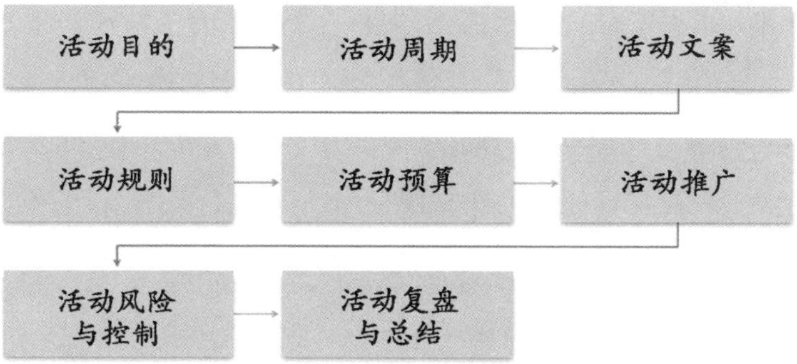

图 1－5　线上活动策划案的八大要素

◆ 活动目的

在整个活动运营过程中，明确活动目的是第一步，因为后续的一切运营决策都要以活动目标为指导。在活动运营的过程中，运营人员之间免不了会发生一些争论，明确了活动目的之后，活动目的就能为这些争论提供重要指导。也就是说，明确的活动目的能帮运营人员解决运营过程中出现的分歧，能帮其做出科学的决策。一言以蔽之，所谓“活动目的”，即想让用户去做什么——下载、使用、付费、分享等，这是活动的核心所在。

比如，某电商产品推出了一个活动：首次注册的用户可以免费领取一张 50 元的优惠券，消费金额达到 199 元便可使用。虽然这一活动包括下载、注册、使用（购买）等几个动作，但核心和最终目标是触发用户的购买行为。

利用“免费送福利”这种极具吸引力的噱头，联合众多平台（一般使用积分商城）提高产品曝光率，并让其他平台中的用户免费兑换优惠券。用户获得优惠券之后，为了获取实际利益，便会做出下载、注册和购买的动作，从而实现产品销售目标。

再比如，很多产品都喜欢搞连续签到送礼品的小活动，如用户连续签到15天可以获得一枚勋章、10倍积分（可用于兑换实物）或实物产品等。这种活动的目的就是鼓励用户多使用产品，增强用户的产品黏性，从运营角度看就是提高用户的次日留存率、7日留存率。目的不同，活动的方式方法自然不同。因此，策划线上活动的核心是明确活动目的——我们希望用户去做什么。

◆ 活动周期

活动周期即活动持续时间。时间太短，会导致很多用户来不及参与，活动影响力有限；周期太长，用户又容易忘记，也达不到预期目标。从具体的实践经验来看，如果除去前期预热时间、活动归总以及获奖名单公布等后续时间，最佳的活动周期一般是7天左右。

当然，活动类型不同，周期也会有较大差异。比如，常规型活动以短平快为主，周期常常控制在一周以内；而征集类活动周期较长，一般在3周左右，同时活动周期内运营方要通过多种方式不断告知用户活动正在进行中，以加深用户印象，避免因时间太长导致用户遗忘。

◆ 活动文案

活动文案与市场营销有相通之处，关键是精准把握目标用户痛点，然后反复向用户推送“有梗、有趣、有料”的内容，以加深印象、引发共鸣，让用户去做策划活动期望的动作。

◆ 活动规则

活动规则就是活动中用户需要明确和注意的地方，这一块的核心是对目标用户精准画像，为他们提供需要的精神或物质刺激。通俗地讲，就是明确告知用户在什么时间、以什么方式、做什么事情、可以获得什么。

活动规则要注重公平、公开、公正。比如，在规则中明确指出一个IP每天只能投一次票，刷票将被取消获奖资格；或者抢到61楼的用户可以获得精美礼品，但以重复评论（如评论超过10条）刷楼则获奖无效。

需要注意的是，活动规则一定要简单明确，不能让用户难以理解。例如，2014年iPhone6刚推出时，某集团策划了“1999元购买64G iPhone6手机”的活动，在当时一机难求的情况下成功吸引了众多用户的目光。但不足之处是活动规则过于复杂，以致大部分用户都无法理解获奖规则，从而极大地影响了用户的参与热情和活动体验。因此，活动规则要在保持公平公正的情况下尽可能简单明确，便于用户理解，知道如何去做。

◆ 活动预算

活动预算包括物料制作、奖品等方面的支出，特别是推广预算更要写好明细，以方便之后的财务结算。整体来看，线上活动的预算比线下活动要简单很多。

◆ 活动推广

线上活动推广主要包括：短信、邮件、微博、微信、SNS、博客、论坛，客户端资源合作、异业合作，渠道、厂商资源合作。其中最常用的模式是“新媒体 + 大的合作伙伴”，可以通过资源置换大幅降低活动成本，并借助实力强劲的合作伙伴获取更多的推广资源。

比如，策划一期联合曝光活动，但自身没有高知名度的产品，可以首先找到较具影响力的产品，然后与爱奇艺等新媒体平台达成推广合作，之后便可以向其他公司介绍此次活动有爱奇艺、今日头条、优酷等众多知名品牌参与进来，从而让这些公司也愿意进行周边资源置换，获取更多的推广资源。

◆ 活动风险与控制

风险监控也是活动策划需要着重考虑的一项内容，主要是对活动正式上线后可能遇到的各种问题进行预测并制定相应的解决方案。通常而言，活动过程中可能遇到的问题包括：

（1）活动页面出现 BUG。此时要和开发人员及时沟通，争取在最短时间内解决问题，如果影响了用户利益，可以为用户提供一定的补偿。

（2）活动奖励缺乏吸引力，用户不感兴趣。这时则需要更换奖品，提高中奖几率等。

（3）部分用户利用漏洞谋私利，应对活动数据实时监测，及时查封违反规则的账号，并修复漏洞等。

（4）某项活动运营细则出现争议，则需要及时向用户承认错误，修改规则，并为合法权益受损的用户提供补偿。

◆ 活动复盘与总结

活动复盘就是对整个活动进行回顾总结，与其他类似的活动运营进行横向比较，与自身以往的活动进行纵向对比。具体来看，可以从以下几个维度进行复盘工作：

活动概述，即线上活动的整体流程情况以及前因后果；活动数据，即活动预期指标及活动结束后的数据归总；资源盘点，即活动运用了哪些推广资源以及哪种资源效果更好；经验总结，即活动运营中遇到了哪些问题，当时是怎样解决的，是否有更好的解决方案，以及这些问题是否在活动之前就有可能避免等。

线上活动策划的环节与内容

无论是增加新用户数量，还是提升平台的活跃度，抑或是提升品牌的知名度，线上活动的目的都要明确。为了达到活动效果，策划人员要把握活动的侧重点，根据活动目的设计活动细节。

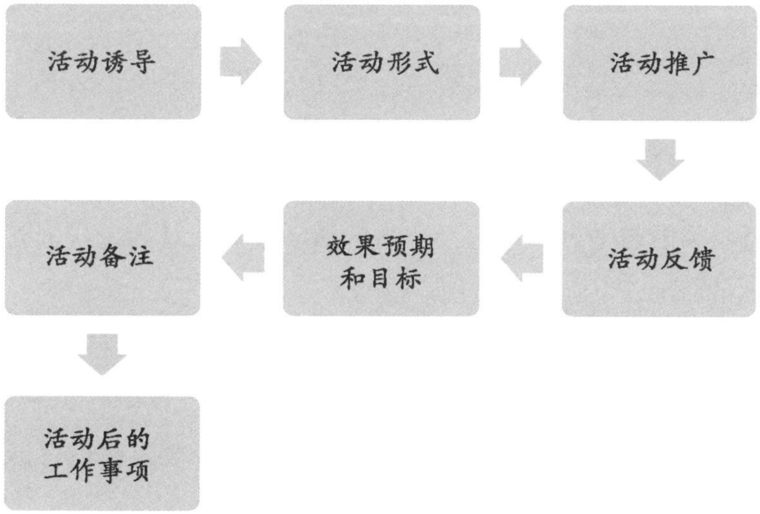

图 1-6　线上活动策划的主要环节

◆ 活动诱导

（1）话题情感引导：比如在情人节来临之际在微博上发起一个话题——#这个情人节你想怎么过#，鼓励受众讲出自己的情人节心愿，同时推出下载某手机 App 赢电影票的活动，吸引受众参与。

（2）物质奖项设置：活动要合理设置奖项，以吸引受众持续参与。奖项设置最好遵循“大奖刺激、小奖不断”的原则，以大奖为诱饵吸引受众，以不断出现的小奖留住受众，以此激发受众的参与热情。

（3）奖品：奖品要和品牌有关系，要有个性、特别；奖品尽量选择那些不需要邮寄的商品，比如充值卡、电影券、电影种子、微信红包、彩票等。

◆ 活动形式

活动形式要有创意性、趣味性，参与成本要低。选择好活动平台之后，要以活动平台的特点、活动目的为依据策划活动形式。线上活动形式有秒杀、网商评选、有奖转发、抢楼、注册送券等十多种。策划人员要结合活动目的与平台特点选择合适的活动形式并对其进行创新，打造有趣别致的活动，以吸引更多用户参与。

（1）市场分析。市场分析要从四个角度切入，分别是产品市场、竞争情况、差异化和活跃用户，最好有具体的数据来支撑。

（2）活动主题。活动主题要简单，有吸引力，要明白地告诉用户活动的主要内容是什么，参与这个活动的理由是什么。

（3）活动时间。活动时间指的是活动开展时间，线上活动时间最好控制在 15 天内，以免降低用户的参与兴趣。

（4）活动平台。活动平台对活动开展方式及最终效果起着决定作用，具体来看，活动平台有两种类型，一种是自有平台，一种是大众平台。

其中自有平台包括自己打造的App、微信、微博、Wap页面等。企业可以自由地根据自己的需求对功能进行开发，向官网引流。但是自有平台对技术的要求比较高，推广费用也比较高。

大众平台包括微博、豆瓣、QQ空间、贴吧等。大众平台可以借助平台本身的资源进行推广，对技术的要求不高，但活动形式会受到一定的限制。

◆ 活动推广

大型活动的推广需要三要素，分别是前期预热、前期引导、明确核心目标用户。市场推广可以分为两种类型，一是站内推广，二是站外推广。站内推广比较简单，就是以自有平台为媒介进行推广，比如文字链、首页的广告位等。站外推广要量力而行，推广手段包括人工发帖、KOL转发、合作推广等。

◆ 活动反馈

活动完成之后要向用户发出提醒、鼓励，比如：

（1）恭喜您成功参与了本次活动，获奖名单会于××日公布，请您持续关注。

（2）温馨提示：邀请好友参与活动可以提高中奖几率。

（3）非常抱歉，您与大奖擦肩而过，感谢您的参与，拥抱安慰。

◆ 效果预期和目标

活动策划人员可以从参与人数、UV、PV、下载量等因素出发对线上活动的预期效果进行评价，要以活动进程为依据对目标进行分阶段设置，以便在活动开展的过程中以实际效果与目标之间的差距为依据对目标进行调整。

◆ 活动备注

活动方案要想有效执行，关键在于做好活动备注。活动备注要“细”，要对活动执行过程中涉及的各个因素进行综合考虑，具体来看要考虑三方面的内容，分别是活动流程、奖项设置、活动规则。

活动规则要涵盖免责部分，比如中奖用户 72 小时之内不提供有效的联系方式就代表自动放弃领奖等。同时要弱化一些格式条款，或者将格式条款放到活动页面不显眼的位置，比如“本次活动的最终解释权归活动方所有”等。

◆ 活动后的工作事项

运营方要对用户负责，就要向用户公布活动结果，特别是对于线上活动，大部分参与者是在奖品驱动下参与进来的，当活动进程完毕，这些用户最在意的就是最终结果。因此，当活动进程完毕，第一步应该做的即为借助于有效渠道向用户发布活动结果。举例来说，微博活动在微博平台发布活动结果，列出中奖用户；微信公众号通过文章发布获奖名单；App 活动则可通过横幅广告来显示活动结果。

互联网产品活动策划与运营

◆ 案例 1：百度地图樱花跑酷

麦当劳与百度地图合作推出了“樱花甜筒跑酷 0 元抢”的活动，用户只需四步就可以参与活动，抢到樱花甜筒。第一步：进入活动网站，点击“开跑 GO”；第二步：页面显示最近的麦当劳距离，甜筒融化倒计时开始；第三步：根据百度地图显示的路线前往最近的麦当劳甜品站；第四步，到店根据店员提示操作抢到樱花甜筒。

这个活动参与门槛非常低，用户只需拿起手机，打开百度地图 App 就可参与。因此，这个有趣的活动一下子风靡大街小巷，微博、微信都掀起了“满城开跑抢樱花”的热潮。在活动期间，活动页面访问量达到了 2000 多万，分享 50 多万次，社交媒体阅读量接近 7000 万，成为一个经典的活动案例。

除此之外，用户参与活动的过程就是使用地图 App 的过程：查找目的地——确定路线——到达目的地。因此，这个活动也教会了人们如何使用百度地图。从商家的角度来看，这个活动还将与百度地图合作的商业价值充分体现了出来，未来或许还会衍生出更多新玩法。

◆ 案例 2：陌陌的红包争夺战

在支付宝与微信开展红包大战，红包已被全民接受之际，再加上春节这个热点，陌陌推出了红包争夺战活动，吸引了不少人的注意、参与。

在活动推出之际，陌陌对自身的定位是陌生人社交，其目的是让陌生人沟通互动。为了达到活动目的，陌陌将这个活动添加在了产品的核心流程中。首先，用户打开陌陌，查看附近陌生人列表，有些用户头像后面有红包 icon，与之搭讪就能获得红包。通过该活动，陌陌的产品核心数据有了大幅提升。

◆ 案例 3：same 的你拍我画

只支持发布图文、影单、音乐的 same 在不依赖产品开发的情况下推出了一个新的活动——你拍我画。用户可以将自己的自拍上传到平台，就会有其他的平台用户为你作画；如果用户想为其他人作画，就可以在same首页点击进入“你发自拍我来画”频道，点击“我要参加”，选择一张自拍，准备好纸笔作画，在60秒内完成画作并将画作上传到平台。

即便用户不会画画，也不想上传自拍，也有可能对这个活动产生兴趣，这就是该活动具有浏览价值的体现。

◆ 案例4：美团滴滴的红包

对于O2O类产品来说，红包是非常重要的一种运营手段。红包不仅可以帮店铺获取新用户，还能挽回即将流失的用户。当然，目的不同，红包发放的策略也不同。比如，给什么类型的用户发红包？发多少钱的红包？红包使用要求是什么？活动策划人员可以在这方面做很多文章。

另外，企业还可以用红包来拉动新的产品线。比如滴滴代驾就是通过红包让用户了解该产品的使用方法并吸引用户使用的。这种方法有两大好处，一是能提升用户对产品的认知度，二是能拓展业务目标，实现拉新、留存，开展新业务。

◆ 案例5：猫眼电影售票机开屏

活动策划最大的难题就是没有资源、没有费用。面对该问题，猫眼电影对潜在资源进行了充分挖掘，具体来说，就是猫眼电影用电影院放置的取票机与粉丝置换资源。从粉丝的角度来看，他们的目的非常单纯，就是希望自己支持的明星受益。如果自己支持的明星的电影要上映，他们就希望能对这部电影进行推广、宣传。因此，取票机的资源不仅能提升明星的曝光度，还能对电影进行宣传。

除巧用资源之外，该活动的另一大优点就在于没有依赖任何产品，仅凭一张图就将活动在微博、用户群中成功举办起来。

第2章

线上活动策划与运营的实战攻略

活动背景：运营策划的出发点

策划人员在制定策划方案时，需要在开端说明此次活动开展的背景，以公司年会策划为例：

年末时，很多企业都会举办相关的活动，年会就是其中一种。通过举办年会，企业的管理人员与员工之间能够进行亲密互动，共同参与活动，促进彼此之间的沟通与联系，提高企业整体的凝聚力。

此外，通过活动的举办，企业能够对过去一年的运营情况进行总结，并向全体人员宣布企业次年的发展计划，对过去一年中表现优异的内部人员给予嘉奖，发挥其示范作用，调动全体员工的积极性，推动企业文化的发展，对员工的辛勤努力表示肯定。

虽然这种说明方式有些官方，但作为策划者，制定策划方案的目的就是为了争取到公司内其他人的认可与支持，使活动顺利举办。

而策划方案中的活动背景说明具有较强的说服作用，能够在很大程度上决定该活动是否能够得到他人的认可。为此，策划者要面向公司内相关负责人，说明活动举办的原因以及活动举办的意义。

活动背景主要是阐明活动举办的原因与目的，是提出本次活动策划的基础性动力，策划者可以着眼于市场发展趋势的预测与分析，也可以根据消费者的需求与偏好，结合企业产品的特点进行说明。在撰写活动背景时，策划者可以从四个角度来阐明活动举办的原因。

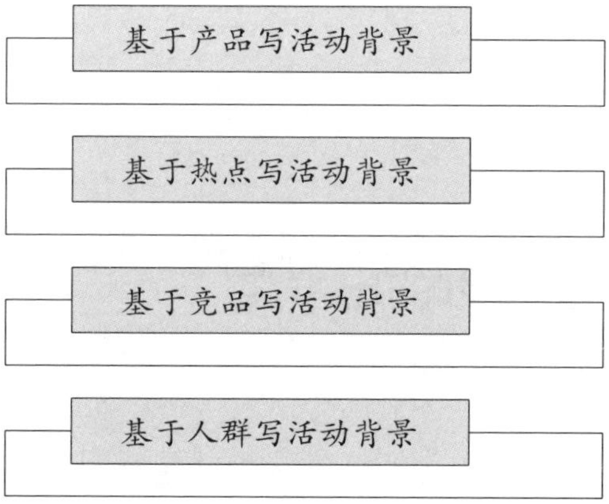

图2-1　线上活动背景的撰写技巧

◆ 基于产品写活动背景

活动开展能够对产品相关数据产生影响，比如线上产品的下载量、活跃用户规模、留存率，电商产品的订单量、销售规模、平均交易金额，社区产品的评论数量、分享数量等。

如果在产品运营过程中，其相关数据呈现走低趋势，或者运营方致力于改善当前的运营情况，希望产品向利好趋势发展时，就可以通过组织相关活动来吸引人们的关注。

运营方需要明确，不同产品数据之间能够相互影响、相互作用，在致力于提高某项数据的过程中，运营人员也要从相关数据方面着手来采取有效措施。举例来说，要想提高产品销量，运营方就要关注店铺的流量、转化率及客户忠诚度等数据情况。

比如，某运营方旨在通过举办专题活动来提高产品的下载量，其活动背景如下：

“自下半年以来，产品的下载量逐渐下滑，到年末比上半年降低了10%，运营方旨在通过举办相关活动促进产品的推广，开发更多新用户，提高用户对产品的关注度，并激发他们的兴趣，进而提高产品的下载量。”

◆ 基于热点写活动背景

对于公众号运营，与热点结合的内容更容易聚焦用户的目光，大幅提升内容阅读量，不仅如此，此类内容还能吸引大批用户进行内容分享与传播，促进内容产品相关数据的提升。

与此相似，在热点事件发生后趁机推出相关活动，并将其融入到活动背景中，也能提高产品的相关数据。举例来说：

例一，“参与优惠活动”；

例二，“七夕想给 ta 惊喜，点击此处参与活动”。

这两种表达方式的目的都是为了吸引用户参与活动，但相比之下，第二种推广方式的用户参与数量会更多，这是因为，热点能够让用户与产品之间的联系更加紧密，从而提高其参与的积极性。

根据性质来划分，热点包括两种：可预知热点与不可预知热点。前者如中国的传统节日；后者如海底捞事件、奚梦瑶T台摔倒事件等。活动策划人员应该重点关注可预知热点，不可预知热点对企业反应的敏捷度要求较高，相比之下，前者更适合应用于企业的活动策划当中。

◆ 基于竞品写活动背景

以竞品活动为参考对象，对其活动类型、组织方式、具体运营过程等进行分析，在此基础上撰写活动背景，最好能够收集到竞品活动的相关数据，用以说明活动效果，并将其应用到背景说明当中。

新颖的活动固然能够吸引大众的眼球，但在没有先例之前，活动效果是不可预知的。企业不妨在了解市场发展趋势的基础上，以竞品活动为参考进行活动策划。很多情况下，企业的管理者也会先分析市场上已有的活动案例，并对其效果进行分析，据此决定自己是否要推出类似活动。

举例来说，某地图类产品在新年临近时推出盘点类策划活动，其背景如下：

接近年末时，许多商家、企业都会举办盘点类活动，鼓励人们将一年的消费总额、年终奖等分享到社交平台，借此推动宣传。地图产品拥有庞大的用户基础，在其他公司都举办盘点活动时，运营方可以推陈出新，运用地图产品自带的路程计算功能，鼓励用户对一年下来自己经历的总行程进行计算，并分享到朋友圈，体现自己在过去一年“日夜奔波”的辛勤，通过这种方式提高用户的参与度。

◆ 基于人群写活动背景

在某些情况下，运营方会围绕用户需求开展活动，也可能通过活动举办来提高用户的活跃度，从而促进产品的发展。

当许多用户产生共同的需求，并将需求反映给企业，或者企业通过数据分析发现市场存在某种需求时，就会推出相关活动来满足人们的需求。如果用户的某种行为对产品发展具有重大价值，运营方就会举办针对性的活动来提高用户的活跃度。

产品面向的目标人群能够在很大程度上推动产品的发展。举例来说，百科的很多词条都来源于大学生人群，为了丰富百科的词条数量，运营方可以举办相关的活动，并说明活动策划背景：

在百科内容创作方面，大学生用户群体是主力军，数据统计显示，去年一年，百科来源于大学生群体的词条数量达××万，其内容优质比率达百分之××，现如今，面向在校大学生举办词条创建比赛，能够丰富百科容纳的词条数量，并提高用户参与的积极性。

爆点设计：提升用户的参与度

举办线上活动是一种十分常见的营销方式，借助于互联网的强大传播能力，成功的线上活动可以吸引海量粉丝的关注，并充分提升用户黏性及品牌影响力等。企业举办线上活动的目的不尽相同，有的企业是为了消化库存，有的企业是为了吸引新用户，还有的企业则是为了对品牌进行传播等。整体来看，线上活动是一种低成本、高效率的营销方式，它能够让企业根据自身的需求来进行灵活调整。

线上活动的形式十分丰富，比较常见的有投票、运气测试、有奖转发等。成功的线上活动首先应该设置一个通俗易懂的活动主题，让用户能够快速对活动内容有一个大致的了解，并从中找到对自身的价值。

对运营从业者而言，必须对全年的重要节假日时间有充足的了解，在便签或者记事本中对具体时间进行记录，并在节日到来前进行谋划，要知道几乎所有成功的线上活动都是建立在科学合理的谋划基础之上。

类似京东6.18、淘宝与天猫的双十一、双十二等重大电商节日，很多商家都是从开始前的一个月就进行谋划、预热、造势等，最终才在节日期间取得了良好的效果。虽然有时部分临时活动也能产生良好的成绩，但那也是因为策划人员有多年从业经验，团队能够快速灵活地执行方案。

活动时长的设计也十分关键，大部分的活动时长应该控制在10天以内，否则很容易导致用户失去耐心而功亏一篑。以投票活动为例，人们投票之后会希望尽可能快速地得出结果，长时间的等待对用户绝对是一种煎熬。而时间太长也容易造成活动成本过高，从而影响企业的发展速度。

成功的线上活动必定存在某种打动用户的因素，这种因素可能是物质回报，可能是精神鼓励，也有可能是爱心等，这需要活动策划人员精准挖掘用户需求，并结合企业自身的发展情况为他们提供满足其需求的礼品。

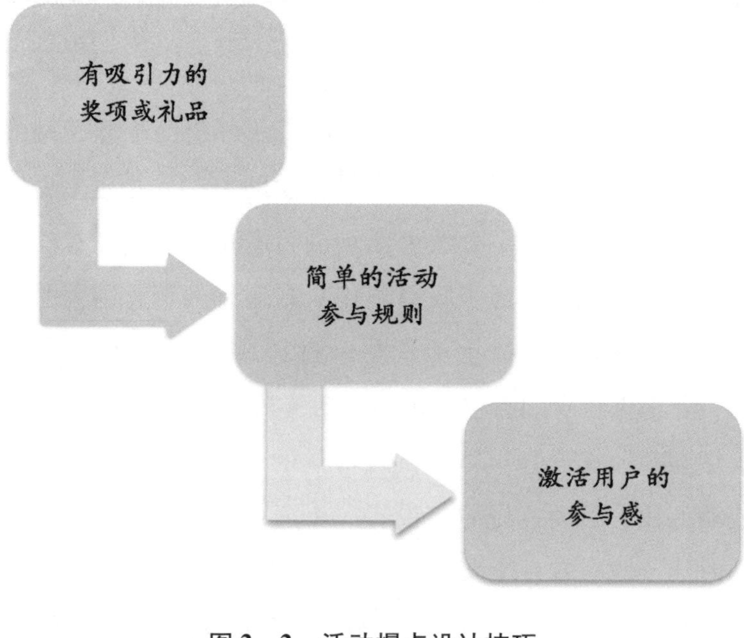

图2－2　活动爆点设计技巧

◆ 有吸引力的奖项或礼品

iPhone X、MacBook、泰国五日游等十分诱人的礼品，通常会被用来吸引用户参与线上活动。对于当下被各种各样的营销信息所困扰的人们来说，想要让百忙之中的他们参与你的线上活动，一定要为他们提供具备吸引力的奖品。

通常而言，为了促进活动信息的传播，运营方会对用户需求及其关注点进行把握，并添加到营销内容中，如果这类内容比较难找，运营方则会对活动奖品进行重点宣传，用来吸引用户参与。在设置活动奖品时，运营方要对用户的心理需求进行把握，并合理选择奖品的价格。

情感层面的需求是活动运营方应该把握的重点。在这方面，传统节日是运营方应该把握的好时机。在节日期间，用户会对某些商品产生刚性需求，如果从情感层面出发，就能直击用户的痛点，提高其参与度。

不少活动运营方为了吸引更多用户的参与，免费向用户开放，但很多情况下，免费方式并不能取得理想的效果。

锤子创始人“老罗”在转战手机行业之前，从事的是英语培训工作，为了吸引用户的参与，老罗面向英语学习者推出了课程参与活动，但此次活动并不是免费的，而是要求参与者支付 1 块钱购买 8 节课。在做活动宣传时，老罗旨在让参与者明白，1 块钱的价值并不高，只够买一节电池，一枚鸡蛋，但在这里，消费者却能学习 8 节英语课，可谓物美价廉，此次营销活动也成为后期教育机构学习的典型案例。

老罗没有采用免费方式的原因是什么？

（1）与付费形式相比，商家采用免费方式难以实现优质用户的筛选与留存。免费即对所有人开放，但优质用户则认为，价格低的产品没有质量保证，会转向其他付费产品。

（2）从免费到付费的过渡，难以得到消费者的认可。初期提供免费内容，后期要求用户付费，会导致很多用户流失。

（3）若商家采用付费方式，更有利于后期运营的变现。逐步增加费用，会给消费者足够的心理接受时间，促成双方之间的交易。

◆ 简单的活动参与规则

如果活动的参与规则被设置得十分繁琐，需要让用户过五关斩六将，那么这种活动恐怕很难吸引足够的用户参与。当然，如果是土豪级的企业，能够为用户提供豪车、房产等礼品，也能吸引足够的用户参与。所以，确保活动的参与规则相对简单，能够让用户广泛参与进来，并获得良好的体验，是线上活动取得成功的关键所在。

◆ 激活用户的参与感

参与感较强的活动能够让用户积极参与，并对活动进行主动传播，从而使活动实现更大范围的传播推广。因此，提升活动参与感就显得十分重要，而投票则是一种参与感极强的活动，用户为了让自己得到更高的票数，往往会在朋友圈内邀请自己的亲朋好友为自己投票。

病毒传播：引发用户自主参与

病毒式传播需要目标群体的主动传播，让用户在自己的朋友圈内进行分享，实现一传十、十传百的效果。这也是为何越来越多的企业重视粉丝运营的核心因素。

◆ 二次、三次传播

此处的二次及三次传播不是强调让用户主动在朋友圈内进行传播分享（当然，这对病毒式传播十分关键），而是通过为活动创造相关话题，来持续对目标群体施加影响。

以互联网中经常出现的萌宝活动为例，活动主题是评选最可爱的宝贝，活动举办时长为五天。在活动开始前的三天时间里，营销人员可以对活动预热，而活动开始后，营销人员就可以对开始当天的参赛情况在社交媒体中进行分享，第二天对宝宝照片进行分析，第三天对最终结果进行预测等。甚至活动结束后，也可以发表感言，来对参与的用户表示感谢。

◆ 核心传播群的建立

核心传播群内的成员是活动的首批参与者，就像小米的种子用户一般，帮助企业对营销活动进行积极推广。活动正式发布后，核心传播群往往能够帮助企业将活动快速在互联网中进行推广。有的活动还需要建立一些其他的用户群，比如：举办公益活动时，通常需要招募一批志愿者，企业可以为这些志愿者专门组建一个 QQ 群或者微信群等。

◆ 推广周期的设置

提到活动推广周期时，不少商家认为，要尽可能地延长推广时间，促进广泛传播，进而提高用户参与的积极性。在这方面，经营者应该清楚的一点是，如果推广周期过长，到活动真正开展时，诸多变动性因素会对用户的实际参与产生影响。

从用户的角度来分析，提前制定的计划很可能在后期出现变动，对于尚未发生的事情，人们无法做到精确的预知。从这个角度来说，如果活动推广时间提前得太久，用户的计划则会受到许多因素的影响，很可能导致在活动开始时因计划变动而放弃参与。

从信息传播的角度来分析，活动推广时间提前过多，则难以把握最佳宣传时间。通常情况下，自信息面向市场，到信息初次传播、二次传播，直至其热度下降乃至消失，前后所需时间不会超过 7 天。所以，活动推广周期最好保持在 7 天之内，正是因为如此，距离活动开始的前 3 天通常会出现报名高峰期。

所以，活动推广周期不宜过长，在活动推出之前的 3 到 5 天比较合理。为了提高信息传播的效果，运营方可以将推广时间划分成两个阶段，并采用恰当的信息传播方式。在第一个阶段，运营方应主打故事性较强的内容，也可以添加娱乐元素，用来吸引用户的目光，促进信息的传播。在第二个阶段，运营方可直接进行信息宣传，用优惠活动吸引用户的参与。

资源整合：实现最佳活动效果

资源整合能力是衡量活动策划人员综合实力的重要指标。当然，进行资源整合的目标是为了实现多方的合作共赢。

◆ 推广平台的选择和整合

有了一个极具创意的想法，也为活动提供了具有较高吸引力的奖品，并不意味着线上活动就能够取得成功。这就和国内很多在当地十分有名的产品一样，因为缺乏足够的平台整合能力，该产品只能偏安一隅，而无法走向全国市场，更别说国际市场。移动互联网时代，是一个信息过载的时代，如果好的产品缺乏有效的渠道，往往很难取得成功，线上活动同样如此。所以，在线上活动策划完成后，还要考虑为其选择合适的传播渠道。

大部分的企业品牌影响力相对较低，流量相对较少，在微信或微博上开通的公众号的粉丝规模相对较小。此时发布线上活动，就更应该整合其他渠道的资源，通常流量较高的渠道平台方会收取推广费用。为了降低成本，企业可以尝试与之进行合作，在活动中加入平台的品牌或者网站链接等。整体而言，与推广平台进行合作时，要尽量达成一个对双方都有利的合作方式，这样开展活动时，双方才会开诚布公，共享优质资源。

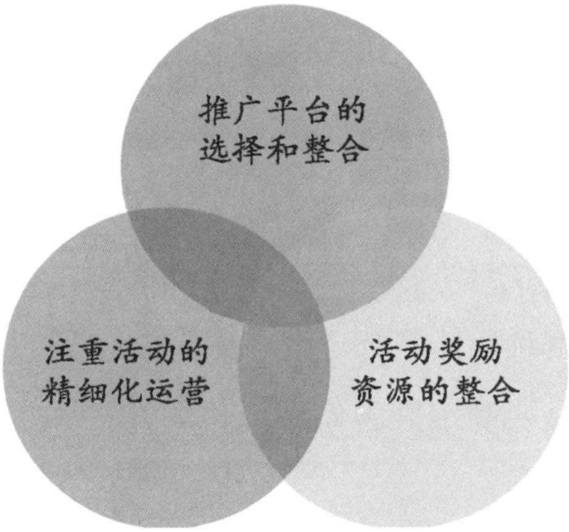

图2－3　线上活动的资源整合策略

◆ 活动奖励资源的整合

活动策划人员经常面临的情况是：企业提供的支持相当有限，但上级又强调此次活动要完成某些硬性指标。此时，活动策划人员需要的就是引入商家资源，后者往往能够提供活动经费赞助、活动奖品支持、推广渠道支持等，它们要求的不过就是对其品牌进行曝光，或者与之分享用户信息等。

需要注意的是，活动策划人员在整合资源时，应该避开那些与公司的业务存在交叉的资源方，这样能确保双方的合作得以持续稳定进行。

◆ 注重活动的精细化运营

在活动策划期要做好奖品设置、参与形式、推广周期等环节的工作，除此之外，运营方还要做好活动之前的准备，并在此基础上实施策划方案。也就是说，运营方不仅要注重策划期的工作，还要做好后期的活动开展。

在做准备工作时，要将活动开展期间所需的各项物料都准备齐全，并制定完善的活动方案。考虑问题时要尽可能地全面，注重活动细节。举例来说，在制定预算方案时，要将活动过程中所需的纸笔、饮用水、一次性纸杯等成本都统计在内；活动运营期间，在为用户提供信息咨询服务时，应该选择哪种媒体平台与用户及参与者进行互动等。

概括而言，就是要制定完善而系统化的方案，然后以活动执行的实际需求为准进行精简与调整。

在活动实施期间，运营方应该注重物料管理、时间管理以及人员管理。在进行物料管理的过程中，应该仔细阅读活动方案，提取活动执行所需的各项物料，并在后续开展过程中逐步完善。在进行时间管理的过程中，运营方要做好完整的时间规划，明确活动过程中应该注意的问题，对活动开展进度实施追踪。如果活动规模较大，不妨划分成几个组成部分，分别进行时间管理。在进行人员管理的过程中，要明确责任分工，将具体任务分配给指定的工作人员，在活动期间进行高效管理。

运营方需要在活动开展过程中做好各个方面的管理工作，在原定计划时间内完成相应的任务，确保活动正常开展。在执行活动方案时，要根据事先制定的活动流程来开展各个项目，提高活动过程的开放性，为所有参与者提供均等的机会，为后期的推广工作打下良好的基础。

在活动结束后，运营方要认真总结，汲取优秀的经验，并发现活动过程中出现的问题，针对问题提出解决方案，作为今后活动开展的有益参考。

活动细则：确保流程的完整性

在整个活动运营过程中，策划方案的制定是不可忽视的一个环节，但现实情况是，不少企业只关注创意，没有认识到活动细节的重要性。在活动举办过程中，却因为活动执行脱离原定策划、用户理解与企业预估不同、活动利益分配机制不合理等情况，导致运营方需要花费大量时间来填补细节方面的漏洞。如果运营方在提出活动主题后，能够注重细节方面的思考与规划，则能够有效避免这些问题。

活动举办方需要根据活动细则来举办活动，活动参与者在参与之前也要了解相关内容，不仅如此，如果在活动开展中途出现争议性问题，活动细则还有助于问题的快速解决。

在制定活动细则时，运营方要做好五个方面的工作，确保细则的完整性：

图 2－4　制定活动细则的五个方面

◆ 活动信息的完整复述

通常情况下，活动细则要与主题页面结合起来，为了提高主题页面的美观性与感染力，页面中添加的文字信息通常比较少。在这种情况下，运营方需要将活动的主体信息，包括活动内容、面向的群体、时间与地点、参与要求等体现在活动细则中。

◆ 活动词汇的定义

在制定策划方案时，策划人员应该使用其他人都能够理解的词汇来表述活动内容，但在很多情况下，策划者并不了解他人的理解范围，导致他人与自己之间存在隔阂。根据乔哈里视窗，运营方发布的信息有公开区、盲区、隐蔽区之分，运营方需要通过词汇定义，提前发现活动信息的盲区与隐蔽区，使消费者能够充分了解活动内容，为活动的顺利展开打下基础。

	自己知道	自己不知道
他人知道	公开区	盲区
他人不知道	隐藏区	未知区

图2－5　乔哈里视窗

举例来说，平台推出的部分活动以会员为目标群体，还有一些活动以粉丝为目标群体，活动策划人员能够在粉丝与用户之间做出有效的区分，但很多用户却做不到这一点。针对这个问题，要在活动细节中说明，在平台中提交个人信息，通过注册审核的用户为会员，关注平台的用户为粉丝。对于不同种类的用户群体，企业内部会有专用称呼，在面向不同用户举办活动时，运营方需要让用户了解自己是否属于目标用户。

◆ 活动中特殊场景的限定说明

制定好活动方案后，应该邀请客服及活动执行者就相关问题展开讨论，鼓励他们积极发表观点，如果活动实施过程中会出现特殊场景，则需提前明示参与要求。那么，活动中会出现哪些特殊场景？

（1）此次活动是单独进行还是可以与其他活动叠加；

（2）对于退货、退款的消费者，是否按照活动对象处理；

（3）活动有无地域、时间、参与人次等要求；

（4）有些活动需要用户支付一定金额或者消费积分，但并非所有参与者都能够从活动中得到奖励，如果用户没有成为“幸运者”，在活动之后是否能够拿回成本；

（5）有些活动要求用户进行指定操作，但运营方并不能保证所有用户的操作过程都顺利，如果出现问题，运营方需明确责任承担者。还有的用户虽然完成了操作，但并没有及时参与活动，运营方或者发出提示信息，或者将用户从参与者中排除；

（6）如果获奖者对奖品不满意，是否能够退货或换成现金，若奖品质量不过关，应该将问题反应给哪个部门；

（7）对于同一个活动，不同平台的说明可能存在细微差别，在这种情况下，运营方应该指定最终解释平台。

除此之外，在活动举办过程中还会出现许多特殊场景，要想提前预测这些可能出现的情况，并进行有效的应对，策划人员就要与客服工作者、活动执行者以及公司同行开展高效互动，对活动细节进行讨论，并根据活动中可能出现的特殊场景提出有效的解决方案，避免在活动执行时手忙脚乱。

◆ 活动的风险提示

活动中特殊场景有可能导致风险的产生，对特殊场景进行限定说明的目的有两个：一是解决相关问题，保证活动的正常进行，二是避免活动在某个方面出现漏洞。

如果活动并没有按照原定计划开展，就可能出现风险，这时候，活动方应该参考策划者提出的活动细则做出科学、合理的选择，避免问题的进一步扩散。

活动风险具体体现为以下几点：

（1）活动平台遭黑客闯入，有时还会出现用户刷单的现象；

（2）平台系统的网络、服务器等出现漏洞，给活动开展带来不利因素；

（3）其他外界因素的干扰，打乱活动的正常进行。

通常情况下，在出现风险之后，企业需要面向内部与外部制定不同的应对方案，内部要及时出台解决措施，并向参与者说明问题的相关情况，以及如何解决。

◆ 活动未尽事宜仍受约束

根据乔哈里视窗展现出来的信息分布格局，虽然活动策划者能够用活动细则来解释盲区与隐蔽区的信息内容，但未知区中包含的活动信息，仍然有可能导致活动在开展过程中出现意外情况，对此，企业也应该提前做好准备。

策划者要在活动细则的末端标注，活动未尽事宜的最终解释权归哪个平台所有，当活动中出现意外情况时，由该平台面向所有活动参与者进行说明。

平台的最终解释权应该以保护消费者的合法权益为前提，而不是强制执行。不过，当用户对同一条款的理解不同时，商家仍然需要做出明确的解释，而活动策划者应该在细则中注明这一点。

活动策划者需要具备全局性的把控能力，并提前预测具体的活动开展情况，在此基础上制定活动细则，并将多种情况考虑在内，减轻客服工作者与活动执行者的压力。若活动规模较大，除了要制定活动细则之外，还应该编制活动答疑（Q&A），为执行者与客服工作者提供参考。

◆ 活动复盘与总结

线上活动正式结束后，还要对此次活动进行复盘总结，除了让企业积累经验外，还能够充分利用活动余热进一步挖掘其价值。

复盘总结时，要分析此次活动是否完成了预期目标，其中又存在哪些不足，哪些成功经验能够复制到下次活动等。而对那些积极参加活动的用户进行一定的奖励，并邀请其在社交媒体上分享活动参与心得，则能够发挥活动余热来实现二次传播。

第3章

新媒体活动的运营推广策划方案

新媒体运营的概念与工作内容

进入移动互联网时代后，传统的营销推广手段变得不再适用，企业需要积极借助新媒体来对营销模式进行转型升级。新媒体的快速崛起，在为企业提供多元化营销渠道的同时，也对企业的营销推广提出了更高的挑战。

那么，企业如何进行新媒体运营？如何制定目标、做预算、设计营销方案、考核绩效、搭建团队并进行管理等，都是需要企业解决的问题，下面将结合这些问题详细介绍如何制定完善的新媒体营销推广策划方案，从而为广大创业者及企业提供借鉴经验。

新媒体运营是指通过微博、微信等新媒体平台开展产品及品牌营销推广的运营方式。为了取得良好的预期效果，运营人员需要做到：策划和产品及品牌相关的优质内容；设计能够吸引目标群体广泛参与的线上活动；选择合适的新媒体平台向目标群体进行营销推广等。

从本质上来说，新媒体运营是企业进行营销推广的方式之一，虽然报纸、杂志、楼宇广告等传统媒体的影响力越来越弱，但对很多企业来说，仍不失为一种有效的营销渠道。而在新媒体平台愈发多元化的背景下，企业在所有的新媒体平台上进行营销推广并非是明智之举，更具可行性的方案是，选择目标群体相对集中的平台重点突破。从不同的视角上，新媒体运营的组成部分也存在一定的差异：

1. 运营级别视角

（1）初级运营。以拉新、留存、提高复购率等环节中一种或多种为目标，进行微博运营、策划活动等。

（2）中级运营。具备覆盖整个新媒体运营流程的能力，能够通过整合资源来提高运营效果。

（3）高级运营。结合企业战略目标对整个新媒体运营流程进行有效规划，并灵活应对运营过程中出现的各种问题。

2. 运营流程视角

（1）拉新。对目标群体进行精准定位，并以较低的成本获取用户。

（2）留存。将用户沉淀下来，使其对产品及品牌有较高的忠实度。

（3）促活。使那些已经流失或者即将流失的用户成为活跃用户。

3. 运营内容视角

新媒体运营可以分为：用户运营、商务运营、活动运营、内容运营及社区运营等。

明确营销目标，优化成本预算

明确营销目标是开展新媒体运营的重要基础，通常来说，制定新媒体运营时，应该符合以下原则：

（1）当微信、微博等第三方平台可以直接提供数据时，尽量参考这些数据制定目标，避免使用过多的定义或计算公式，这样既能节约时间成本，而且简单有效。

（2）当第三方平台无法提供数据时，可以安排专业人员或者从艾瑞咨询、易观智库等数据研究机构近期发布的相关报告中获取数据。如果选择自己整理数据，可以先统计每日数据，然后再尝试向周、月、季度及年等更大的范围进行统计，统计内容包括客单价、订单量、转化率、注册用户数等。

（3）为团队制定一个统一的战略目标。当然，不同类型的企业或者不同的发展阶段制定的战略目标会存在一定的差异。

（4）各部门对战略目标进行有效分解。目标可以被分为两大类，一种是具体的事务目标，比如每天分享多少篇文章、什么时间段上传、多少篇是转载内容等；其二是结果目标，如粉丝增长率、用户活跃度、文章阅读量、用户评论数等。

（5）目标应该具体而明确。比如：该季度目标将从现有 3 万名注册用户提升至 15 万名注册用户，将转化率从 15% 提高至 20% 等。类似于提高品牌知名度、增加用户黏性这种模糊的目标很难取得预期效果，提高品牌知名度可以具体为百度指数上升的数值；增加用户黏性可以具体为用户活跃度增加的数值等。

在设置目标时，需要掌握某些指标的计算公式，比如：日活跃率 =

当天活跃用户数 ÷ 总用户数；日订单转化率 = 订单成交量 ÷ 总访问用户量；日客单价 = 日总成交价格 ÷ 总成交订单量等。

根据推广方案进行预算，需要给出各个环节具体细项的成本，确保精细化，这样能够进一步降低风险。预算的结果应该是一个数值区间，考虑营销涉及的环节众多、情况复杂，很难给出精准的数值。预算结果会对方案执行产生直接影响，尤其是那些强调风险管控的企业可能会因为预算过高而否定整个营销方案。

制定推广方案，精准粉丝引流

◆ 推广整体策略

（1）分析团队整体战略目标，并将其分解成为各个部门的目标，然后部门再将目标分解为岗位目标。

（2）寻找有效的推广方案，将资源集中起来进行重点突破。

（3）在目标群体相对集中的新媒体平台进行推广。

◆ 种子用户期

该阶段需要寻找到一定数量的忠实用户群体，更加强调粉丝质量而不是数量。

（1）分析种子用户特征。种子用户对产品及品牌有较高的忠实度，经常和运营人员进行交流互动，主动参与到营销内容的传播推广中来，而且会及时向运营人员提供反馈意见。

（2）选择活动推广渠道。通过朋友、同事、合作伙伴等在小区、学

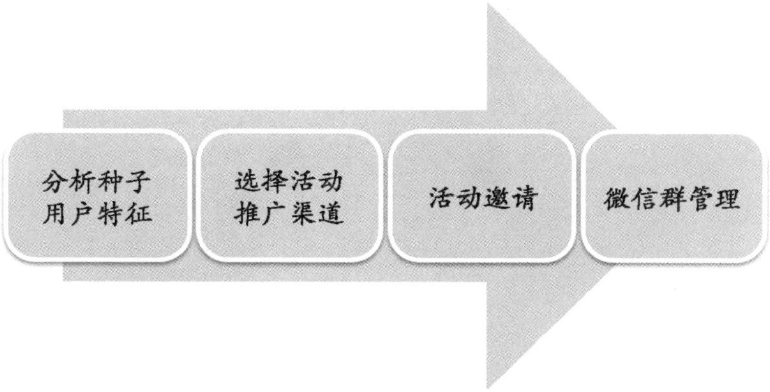

图 3－1　种子用户期的引流技巧

校、写字楼、商圈等场景中进行营销，邀请他们体验产品，并在社交媒体上分享体验等。

（3）活动邀请。比如，可以邀请用户参加“找茬”活动，让用户在参与活动的过程中提供一些反馈意见。为了吸引用户参与活动的积极性，可以提供优惠券、话费充值卡等奖励。

（4）微信群管理。邀请用户加入微信用户群，对这些种子用户进行管理，并收集他们的产品体验及相关建议等。

◆ 初始用户期

该阶段要利用运营人员比较擅长的营销渠道获取更多的用户，确保粉丝数量能够不断增长，从而达成预期目标（比如在三个月的时间里获取 5 万名用户）。选择比较擅长的营销渠道，可以确保每天都能获得一定数量的粉丝，某些渠道可能运营初期能带来较高的粉丝，但缺乏稳定性，几天后可能就会颗粒无收。

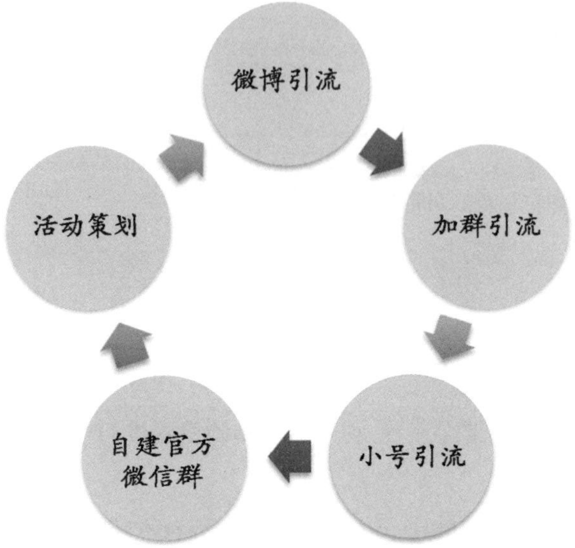

图 3－2　初始用户期的引流技巧

（1）微博引流。在创业初始阶段，选择比较熟悉的当地市场具有明显领先优势。在推广过程中，可以寻找当地的热门微博，并将自己的微博账号和这些当地热门微博建立联系，从而在营销推广时，借助这些热门微博的影响力吸引更多的流量。

微博具有较强的媒体属性，而且并非像微信朋友圈般基于熟人的社交关系，在营销信息泛滥的微博中，想要用一个新的微博账号引流是一件颇为困难的事情，选择和那些已经具有一定粉丝基础的微博账号进行合作会是不错的选择。

（2）加群引流。加入多个本地微信群，尽量不要在这些群体直接发布营销内容，侧重于和群内成员交流互动。在营销时，可以结合口令红包的方式进行推广。微信群运营技巧：通过身边的亲朋好友、合作伙伴等将你拉入群中；和其他媒体运营人员合作，分享群链接等；对用户活跃度较高的高质量群进行置顶，多与群主交流沟通，必要时可以为其提供一定的奖励，从而使其帮助自己营销推广。下沉或退出那些僵尸群以及充斥着广告内容的群。

（3）小号引流。注册一些用于添加粉丝的小号，每天添加一些本地粉丝，在3个月的时间内完成加5万名粉丝的目标。赋予这些小号一定的标签，可以结合运营人员本身的兴趣爱好、受教育程度、从事的行业等设置标签。

避免表现出强烈的广告信息，否则很容易被粉丝拉黑。在朋友圈内分享粉丝感兴趣的内容，定期和他们进行交流互动等。对那些社交关系网较广的粉丝，可以与其私聊，邀请他们对营销内容进行传播。

（4）自建官方微信群。建立多个官方微信群，并为每个群设置不同的标签，比如：种子用户群、产品体验群、售后服务群、参与活动群等。对于自建官方微信群，首先需要明确建立群的目标，并设置一定的规章制度，对群体发言进行管理；其次，安排专业人员担任官方客服，客服人员需要根据群的定位引导社群成员发言，举办群体活动等。和行业内的意见领袖进行合作，并给予他们一定的物质回报，从而对产品及品牌进行推广。

（5）活动策划。定期举办活动，强化用户认知，从而取得良好的营销效果。在策划营销活动的过程中，要重视营销内容的质量，并优化用户阅读体验。为活动设置一定的物质奖励十分关键，代金券、文化衫、手机等都可以作为参与活动的奖励。可以尝试举办以下活动：

★加微信群抢红包。将粉丝拉入群中，定期发布红包。

★注册送代金券。注册用户将获得10元代金券。

★扫描二维码关注公众号，享受更低折扣。

★微信抢答赢大礼。让用户在公众号评论中抢答问题，最先答对问题的用户可以获得手机、平板电脑等礼品。设置问题时，尽量使答案与产品及品牌相关，或者将答案隐藏在官方网站中，这样能够加深用户对产品及品牌的认知。

★转发有奖。在朋友圈中转发营销内容的用户可以获得免费试用产品的机会等。

开展公关传播，实现品牌营销

在品牌推广期设置一定的目标，比如三个月的时间增加 10 万名粉丝。

（1）沿用“初始用户期”的方法稳定地获取粉丝。

（2）和本地的 App 应用或者 O2O 服务号进行合作。进入品牌推广期后，企业往往已经具备了一定的粉丝，此时，选择和本地 App 应用或者 O2O 服务号进行合作往往能够取得良好的效果。

（3）开展地推。在学校、卖场、社区、地铁站等人流量密集的区域进行线下推广。

（4）参加行业会议。积极参加行业会议，并制定相应的营销方案，从而在参加会议的过程中，向潜在的合作伙伴进行营销推广。

（5）加入本地行业协会。为了规范行业发展，促进良性竞争与资源共享，很多地区的同行业企业会自发地组建行业协会。企业加入到行业协会后，不但可以获得最新的行业资讯，而且能够有效提升自身的知名度。

在初创企业中，PR（英文“Public Relations”的缩写，译为“公共关系”）人员需要对企业不同发展阶段的情况有深入的了解，并能够向用户、合作伙伴、投资人等传递符合他们需求的信息，这些信息并非是简单的硬性推广，而是能够通过他们感兴趣的内容将其关注点转移到企业的产品及品牌中来，最为理想的结果是，能够在行业内产生强烈的话题效应。具体来看，PR 人员可以选择以下几种策略：

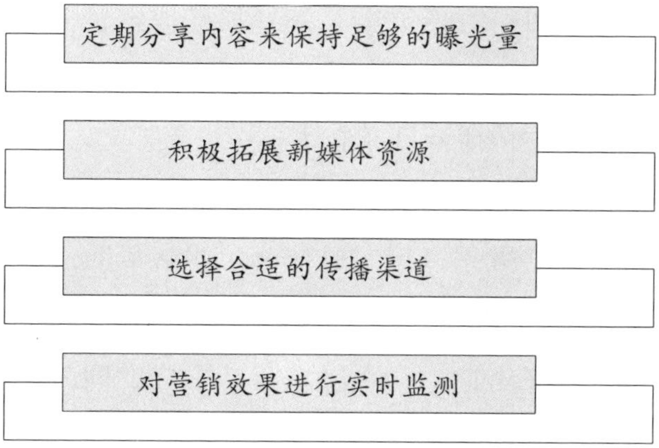

图 3－3　新媒体活动的公关传播策略

（1）通过定期分享内容来保持足够的曝光量。根据企业产品及外部环境的变化，以月为单位制定传播规划表，详细规划该月内要向用户分享什么内容，持续性地向目标群体传播内容，能够使企业知名度与品牌影响力逐步提升。

（2）在运用现有媒体资源的同时，积极拓展新媒体资源。由于资金的限制，创业公司以及中小企业无法在多个媒体中进行大范围地传播推广，需要针对企业的实际情况及用户需求，有选择性地在部分媒体上进行营销推广。当然，这需要营销人员能够在日常工作中积极探索新的媒体资源，从而在有需要时，选择合适的媒体进行营销推广。

（3）传播渠道的选择会对传播效果产生直接影响，比如：企业创始人接受采访的媒体通常会是行业内或者财经领域内具有较强影响力的纸媒，这对于扩大传播范围具有十分积极的影响；而在发布产品时，选择科技类媒体往往具有良好的传播效果；如果是针对某些事件的营销内容，门户网站会是更为理想的传播渠道。

自媒体平台数量繁多，各平台影响力参差不齐，选择影响力较强或保持中立的自媒体进行推广，是一种很好的选择。但从性价比角度来看，资金缺乏的企业更为可行性的方案是选择那些成本较低的小众媒体。在选择电视媒体时，需要根据用户的特性选择合适的频道及档期，这样才能确保将营销内容精准传播至目标群体。

（4）对营销效果进行实时监测。监测的数据包括：阅读量、点击量、评论数等。通过对这些数据进行实时监测，能够帮助营销人员不断优化调整营销策略。此外，PR 人员作为促进用户与企业连接的重要枢纽，应该学会从用户的视角思考问题，在进行营销推广的同时，也为用户创造一定的价值。

搭建运营团队，明确岗位职责

在打造团队时，可以从实现战略目标的需求出发，对核心项目进行分解，明确完成核心项目所需要的技能、经验等，并结合团队构成、抗压能力等因素描绘团队岗位的员工画像，当然，还需要根据不同发展阶段目标的差异性，确定招聘相关岗位人才的具体时间。

比如，当企业制定未来三个月的目标是在半年时间里获取 2 万名粉丝，要完成这个目标需要的核心项目是 PR、渠道推广、活动策划等，而这些项目又需要哪些方面的人才，具体应该在什么时间招募等。

事实上，很多互联网企业的 HR 人员本身没有经过严格的培训，他们对企业各部门的相关工作缺乏足够的了解，所以在招聘人才时，会出现招募的人才和实际需求不匹配的情况。这需要部门管理者和 HR 人员进行深入交流，确保其了解部门所缺人才的详细信息。

建立专门对新媒体平台进行营销推广的新媒体推广小组，往往对新媒体营销具有事半功倍的效果，通常来说，新媒体推广小组的主要岗位包括以下几种：

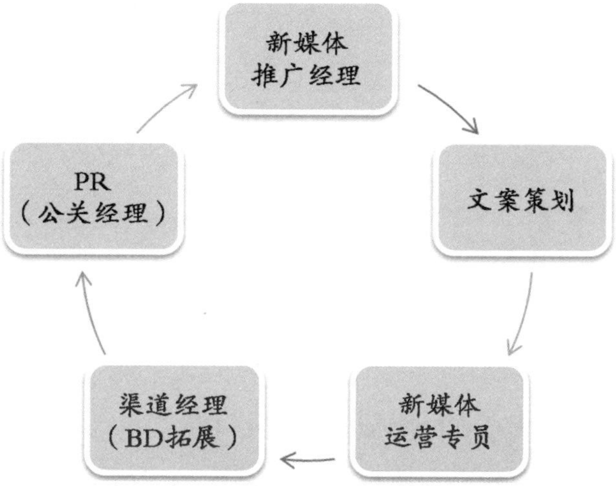

图 3－4　搭建新媒体运营团队

◆ 新媒体推广经理

在初始用户期就应该引入1名新媒体推广经理，这一岗位要求熟悉互联网，能够制定切实可行的新媒体推广计划，具有较强的执行力；了解新媒体，能够熟练使用微信、微博的各种功能，有新媒体公众号运营经验的应聘者更佳；有自主判断能力，能够对热点事件进行分析，并借助热点事件对产品及品牌进行传播；有较强的抗压能力，能够和团队很好地协同配合。其岗位职责为：

（1）对公司公众号进行日常推广，扩大粉丝规模。

（2）根据营销需求指定高质量的营销内容。

（3）提高粉丝活跃度，和粉丝进行良好的沟通交流，并对粉丝数据进行分析。

（4）挖掘用户需求，对当下的热点事件保持较高的关注，能够及时搜集用户的反馈信息。

（5）策划线上线下营销活动，提高产品及品牌的曝光度，使粉丝与企业建立良好的信任关系。

（6）对营销效果进行实时监测，并根据监测效果实时调整营销方案。

◆ 文案策划

和新媒体推广经理一样，文案策划也需要在初始用户期引入。由于该岗位的工作以文案创作为主，对应聘者的文字能力、创新能力、对热点的敏感度等方面有较高的要求。其岗位职责包括：

（1）明确营销目标，对用户需求有深入的了解，通过和相关部门的协调配合，创作出高质量的文案。

（2）撰写营销文案及宣传资料文案。

（3）撰写创意内容，为活动稿件、广告传播稿件等提供文案支持。

（4）对内容创作进行分析及总结，并将其应用到其他项目中。

◆ 新媒体运营专员

新媒体运营人员同样是在初始用户期引入，不过考虑到工作量较大的特性，需要招募 2～3 人。该岗位需要有一定的文案写作能力，善于对热点内容进行创新改造，了解新媒体传播的特征，并热衷于新媒体营销工作，最好能有一定的新媒体运营经验。其岗位职责包括：

（1）对企业公众号进行运营推广。

（2）参与撰写并发布文案内容，对粉丝社群进行维护，并和粉丝进行互动。

（3）整理粉丝提供的反馈建议。

（4）了解当下的时事热点，具备独立进行活动策划、专题策划的能力，并对方案的执行效果进行有效监测。

（5）对目标群体进行精准定位，并提高产品及品牌在目标群体中的认知度。

（6）有创新能力，能够将营销内容融入到热点事件中。

◆ 渠道经理（BD拓展）

渠道经理比较适合在品牌推广期引入，该岗位要求有良好的交流沟通能力，善于进行组织协调，能够进行商务谈判，并拓展新市场，灵活运用Office办公软件快速高效地处理工作，具备两年及以上的渠道拓展经验。其岗位职责包括：

（1）制定渠道推广目标及实施方案。

（2）根据企业实际发展需求，寻找能够为企业创造价值的合作伙伴。

（3）通过企业的公众号进行商务拓展，并配合各渠道商推进项目。

（4）搜集并分析推广数据，根据这些数据制定有效的推广策略，提高企业品牌知名度及影响力。

◆ PR（公关经理）

企业在创立之初，就需要设置PR岗位。该岗位需要整合媒体资源，维护企业和各媒体之间的关系，对新媒体营销人员的广告投放提供专业指导等。PR需要具备3年及以上的营销工作经验，具有较强的沟通能力及应变能力，能够和企业利益相关者保持良好关系，具备较强的谈判能力等。其岗位职责包括：

（1）拓展更多的新媒体投放渠道。

（2）对推广活动进行有效控制，优化各推广渠道的资源配置。

（3）对优质资源进行整合，促进企业与合作伙伴进行深度合作。

（4）灵活应对各种危机公关。

实施绩效考核，强化团队管理

◆ 实施绩效考核

对创业公司来说，在发展初始阶段需要处理一系列事务，比如：产品研发及测试、寻找合作媒体等。在该阶段的绩效考核更加强调实用性，可以按照具体的数字给予员工一定的奖励。

比如，考核新媒体营销人员的月关注粉丝数量，未能完成预期目标时的惩罚，完成后给予多少奖励等。我们不妨以微博营销为例进行详细分析。

设置具体的考核指标。比如：微博信息数（具体可以为原创文章数量与转载文章数量）、粉丝数量、关注人数、转发次数、评论次数等。

其中，微博信息数可以用天、周、月等单位进行考核，不过考虑到统计的复杂性，以天为单位进行统计更具可行性。平均转发数是通过所有信息的转发数之和除以信息数量得出的结果，通常参考的是日平均转发数与月平均转发数。

平均转发数或平均评论数和内容的质量存在较大关联，微博作为一个月活跃用户人数达到 3 亿人的现象级社交媒体平台，该渠道存在着海量的用户群体，关键在于营销人员需要创作出优质的内容，才能吸引其关注，并使其主动进行评论、转发等。

当然，在创作内容时，必须分析目标群体的真正需求，与其需求契合度越高，获得的评论及转发数据就越高，用户提供的反馈意见也会更具价值。本质上，实施绩效考核的目标是为了促进员工更好地完成岗位工作，使其对日常工作进行反思、总结，从而提高专业水平，为企业创造更多的价值。

◆ 强化团队管理

新媒体营销推广方案的有效落地，需要完善的管理提供支撑，在管理实践中，可以借鉴以下几点经验：

1. 周一早会，周三培训，周五总结

周一早会。周一上午 9 点到 10 点举行早会，会议重点是对上周的工作进行总结，并制定本周工作计划。

周三培训。组织相关人员参加 2 个小时的专业培训，在培训过程中要注意让学员相互交流、分享经验。

周五总结。周五下午 4 点前，各部门要对本周工作过程中出现的问题进行总结，并将其制作成表格反馈给相关部门。

2. 量化目标

项目开始后，需要对各阶段的工作目标进行具体化，可以将其分为周、月、季度目标。然后各部门再将阶段目标进行分解，为各部门成员制定每日目标。

3. 准备三张表

财务预算表。用于统计包括市场推广成本、薪资成本在内的团队运营成本。

绩效考核表。用于对各组织成员的业绩进行考核，并结合激励机制激发员工工作积极性。

岗位描述表。用于详细介绍岗位的具体要求、岗位职责等。需要注意的是，岗位描述表要根据项目进度及企业发展阶段进行及时更新，务必做到精准、翔实。

第4章

案例实践：春节红包活动策划技巧

规则：有效提升活动的曝光量

2018 年春节期间，某家公司的产品通过营销人员策划的一场以“发布祝福动态领红包”为主题的红包活动而获得了极大的曝光量。下面将以该活动为例，对该活动的策划、执行等进行深入分析，从而为相关从业者提供借鉴经验。

为了借势阿里的春节红包活动“集五福分享 5 亿元红包”，营销人员将此次产品营销活动的主题命名为“发布祝福动态领红包”。活动规则主要包括以下三点：

（1）由公司的营销人员 Robert 作为发布红包者在产品中发布一条祝福动态，并在其中加入金额与数量随机的红包。

（2）祝福动态发布完成后，所有关注 Robert 的粉丝将会自动接收到这条动态，只要用户转载祝福动态就可以获得一份红包。

（3）红包数量有限，领完为止，每人最多只能领取一份。

具体到目标用户群体，他们需要完成两步操作：

第一步，由于活动对参与人员做出了一定的限制，所以用户首先必须是 Robert 的粉丝，成为其粉丝后才能收到带有红包的祝福动态。

第二步，粉丝们进入个人主页，点击红包按钮并将祝福动态进行转载，接着便可自动获取一个金额随机的红包。

事实上，Robert 及其团队对于此次营销推广活动并没有足够的信心，因为在他们看来，春节期间无论是支付宝的集五福，还是 QQ 的跨年红包，力度都非常之大，自己推出的红包活动恐怕很难吸引足够的用户。而且从用户动机来看，他们对传递一条祝福动态的积极性也相对较低。但从实践结果来看，此次活动取得的成绩却相当令人惊艳。

Robert 团队发现，很多粉丝不仅参加了此次活动，而且他们还邀请了自己的亲朋好友共同参加，以至于因为公司准备不够充分，Robert 及其团队成员不得不在春节期间加班。无论是领取红包的速度，还是祝福动态的转载量都远超过了 Robert 团队的预期。

与之前进行的营销活动相比，此次红包活动花费了不到 50% 的成本，却获得了 300% 的曝光量。无论参与此次活动的用户有何目的，但从产品运营及营销的维度上，此次活动都可谓是一次相当成功的活动。

路径：立足于产品的价值体验

产品是进行产品运营的关键所在，运营方式是辅助性的手段，能够吸引用户并击败竞争对手的始终是产品。如果一份营销人员设计的产品运营方案，无法让人感受到产品的存在，这个方案必定会走向失败。因为不借助产品，企业根本无法得到长期的有效结果，比如用户使用习惯、对产品及服务提出的反馈建议等。

而此次转发祝福动态领红包活动始终都是围绕产品展开。在此次活动中，营销人员为目标群体设计了一个使用产品的特定场景，并借助一定数额的红包，从而为产品引入了极高的流量。虽然，人们转发祝福动态的积极性不高，但辅以能够带给他们利益的红包，就可以吸引他们主动对活动进行传播。

人都有逐利的本性，让用户感受到产品能为其带来某种利益或者价值是相当有必要的。就像淘宝、天猫等电商平台一般，在电商平台上购物，我们需要注册账号，然后完善注册信息、填写收货地址、联系方式，接着还要开通支付宝、微信支付或者网银等，这其实是一个相当复杂与繁琐的流程。但在电商平台上人们能够随时随地购买来自世界各地的商品，并且享受送货上门服务，这种利益与价值会让人们自动忽略上述复杂而繁琐的流程。

目标群体会购买产品是因为他们认识到了产品的价值，如淘宝、天猫、京东等电商平台具有购物价值，微信、微博等社交媒体平台具有社交价值等。不过需要注意的是，用户经常使用的产品功能可能仅是所有功能中的很少一部分。以微信为例，在加入小程序后，微信的功能已经远超出我们的想象，但具体到每一个个体，其使用的功能可能仅有 3～5 个。

除了几乎所有人都会使用的聊天与朋友圈功能外，有的用户会用微信购物，有的会使用微信订餐，还有的用户会使用微信打车等，这些功能的设计初衷并非是为了满足所有的微信用户，而且用户群体也并非会按照企业计划去这般行事。

在此次营销活动中，Robert 团队开始时的重点放在了祝福动态的内容方面，甚至公司还花费一笔资金招募了几名文学专业的兼职大学生，来提供大量语句优美的祝福语，公司的逻辑是以较高的内容质量来提升用户的积极性。但实际情况却是，粉丝收到祝福动态后并不特别在乎内容，而是直接转载，从而抢到红包，因为红包数量是有限的。

从产品运营及活动策划的角度来看，此次转载祝福动态领红包活动完成了 Robert 的预期目标，产品的曝光量得到了极大的提升。虽然结果是好的，但过程却并不像他们计划的一样。这提醒我们，如果能够保持短平快，一个并不出众的产品功能配以精心设计的运营方案，同样能够取得良好的效果。

启示：以用户的视角审视产品

产品研发部门将产品设计并开发出来后，由产品运营部门负责对产品进行推广并销售。绝大多数的商品是根据产品经理对市场潮流及用户需求预测而生产出来的，虽然也会搜集用户的反馈建议，但这与那种按单生产的 C2B 预售模式存在较大的差距。换句话说就是产品并不一定能够满足用户的需求，由产品经理主导并开发出来的产品需要经过市场与用户的检验，而产品运营则很好地扮演了这一角色。

本质上，产品运营所涉及的内容不仅包括活动运营，还包括用户运营、内容运营。当然有的产品可能不需要进行内容运营，典型的案例就是那些工具类产品。但活动运营与用户运营却几乎是所有的产品运营都会涉及的工作。

以此次转载祝福领红包活动为例，在此次活动中，Robert 及其团队作为活动方案的策划人员，他们发现了很多应该改善的产品细节，因为他们是以用户的角度来使用产品，而不是站在公司产品经理的视角上。

活动方案策划人员在产品运营中发挥的作用是相当重要的，他们需要对活动每个环节的进度进行把控，需要找到适合进行推广的渠道，并设计出合理的机制来搜集用户的反馈建议等。

在产品运营方案落地过程中，用户群体作为产品的使用者，对产品最有发言权。此时，产品想要传达出的理念是否能被用户感受，用户需求是否能够得到满足，用户是否会对这种产品主动进行推广等疑惑通过产品运营活动都能得出答案。

此外，此次活动还给我们带来了两点重要的启示：其一是红包类活动，最为关键的并非是红包金额（当然金额不能太少），而是红包的数量，用1000元包1万个红包和用1万元包1万个红包所取得的传播效果并没有太大的差距；其二是用户只关心那些产品的核心特征，即便这款产品可能有很多让人惊艳的功能，以微信为例，最初的微信能够在用户心中留下深刻印象并愿意对其主动传播，只是因为它具有的免费短信功能。

春节红包活动策划的案例集锦

◆ 淘宝

（1）“亲情账号”活动。该活动可以让用户将父母账号设置为关联账号，父母在淘宝上买东西时，用户可以通过“亲情付款”功能，帮助父母付款。在用户账户页面中，关联账号会在用户头像右下方显示出来，用户点击后可以直接发送信息。在“亲情账号”活动中，淘宝提供了优酷视频会员、淘票票优惠券、10元无门槛现金红包等作为激励手段。

（2）“新春乐淘淘，天天迎红包”活动。该活动是一项激励现有用户邀请新用户及激活老用户的活动，每天邀请老用户至少达到3个，新用户（注册时间为24小时以内的用户）数量不限，最低能获得8.8元现金红包，最高可得2018元现金红包，后续增加了汪星人图标奖励，并能够在大年初一时参与“图标开奖分6亿”活动。

（3）“淘宝大拜年”活动。该活动可以让用户每天限时限量抢购优惠券、淘宝群拜年红包、店铺优惠券、店铺神权益卡等，其中，店铺神权益卡共为用户提供了9种权益：生日专属优惠卡、尊享试用卡、爱豆召唤卡、勇敢告白卡、凌波微步卡、安心延保卡、上门服务卡等。

（4）“天天迎红包，春晚6亿”活动。该活动将淘宝春节活动推上高潮，和春节晚会密切关联起来，春晚期间定时开奖，用户可以在限定时间内参与抢大奖，共分为4个时间段，活动奖励包括现金红包、各种优惠券以及让电商用户颇为心动的“清空购物车”。

◆ 支付宝

（1）“过福年，集五福”活动，该活动首次举办时确实产生了十分惊人的传播效果，但因为活动结果让很多用户感到失望，2018年时其热度相对较低。奖金数量虽然有所提升，但因为参与人数过多，大部分用户能够获得的奖励相对较低。用户可以通过扫描福字、人像来获得福卡，“蚂蚁森林浇水”和“蚂蚁庄园捐金蛋”也能获得福卡，而支付宝钻石会员可以获得3张万能福，集齐五福的用户在除夕夜平分5亿元现金红包。

（2）“开宝箱，拿奖金”活动。该活动是一种基于用户个性需求的定制活动，每个用户会收到不同的任务，比如支付宝充值话费、10元体验理财等，完成任务后将会获得现金红包，并自动转存到支付宝余额中。

（3）“送好礼，领奖励”活动。该活动仅向部分用户开放，用户通过扫描二维码后，将获得优惠券、理财券、线下消费红包、现金红包等诸多奖励。

（4）“送字送祝福”活动。该活动是一种送红包活动的衍生活动，用户设置一定金额的红包，每个字将代表随机的红包金额，将其送给好友后，好友将获得随机红包。

◆ 京东

“发压岁钱”活动。2018 年春节期间，虽然京东用户可以参加平台的多种活动，但京东的春节活动仅有“发压岁钱”活动，其余都是普通的日常活动。在该活动中，用户每天有 5 次的初始押宝箱机会，选择其中一个宝箱将获得一定数量的金币奖励，金币可以用来兑换优惠券，初始压宝箱机会用完后，可以通过将该活动分享给好友来获取更多机会。

◆ 今日头条

（1）“集生肖，分 2 亿”活动。最初，活动需要用户收集 14 张生肖卡片（除了 12 生肖外，还包括“發”和“财”两张卡片），前 188 名用户成功收集后将会获得 15 克的纯金发财狗。后续为了让更多的用户获得奖励，采用类似盖楼活动的形式，部分用户获得纯金发财狗，部分用户参与分 2 亿现金红包活动。每天可以抽 3 张卡，想要获得更多次数就需要邀请、关注好友、分享活动等方式获得更多次数。

（2）“7.5 亿红包雨”活动。春节期间，用户每天晚上可以在 App 首页点击抢红包选项，获得现金红包，具体规则包括：活动时间为 2018 年 2 月 8 日至 2018 年 2 月 14 日，红包雨开始的时间是 20:45，红包发放金额为 5000 万元。2 月 15 日也就是除夕夜，红包雨开始的时间为20:45、21:15、21:45 和 22:15，每一波红包的发放金额是 1 亿元。红包雨又分为福利场和拼手气场，前者红包金额较小，但数量众多，后者红包金额较大，但数量极少。9 日、11 日、13 日的红包雨是拼手气场，其余是福利场。

（3）“拉好友，领红包”活动。用户邀请好友注册并登陆，获得数额不等的现金红包（最高200元）。

（4）“发财中国年”活动。该活动用户仅能参加一次，用户邀请好友注册并登陆，同时，用户想要获得现金红包奖励，新用户必须在48小时内使用邀请码。

（5）“发拜年小视频”活动。用户在大年初一发布以拜年为主题的短视频，将获得现金红包，为了便于用户制作短视频，今日头条为用户提供了拜年模板，前三名观看短视频的用户，也能获得现金红包，但必须是今日头条用户。

◆ 美团

（1）“签到赢现金”活动。用户需要用1元钱在活动页面“领养”虚拟小狗，从而获得签到资格，每天三餐时间签到，任意签到一次即可获得每日20点开始发放的最低0.01元、最高200元的现金红包，如果断签，用户需要重新花1元取得签到资格。

（2）“邀请好友领现金红包”活动。用户可以邀请好友参加“签到送现金”活动，成功邀请后，用户将获得0.1元到200元的现金红包。

（3）“许愿赢大奖”活动。用户可以结合系统设置的新年愿望为自己许愿，许愿后将随机出现优惠券、彩蛋等奖励，彩蛋需要在截止日前获得40位美团用户的助力才能获得红包奖励。

（4）“瓜分2亿”活动。该活动玩法非常简单，用户进入活动页面点击抽奖后，将获得优惠券、现金券、体验券等各类奖励，从用户评论来看，为了控制活动成本，该活动奖励以体验券为主。

◆ 新浪微博

（1）“荒野行动－集财神赢大奖”活动。该活动是一种集卡片式活动，用户每天可以在活动页面抽卡，完成任务后可以获得额外抽卡机会，好友可以交换卡片。此外，在“明星抽红包”页面中每天可以抽取一次卡片，特定时间可以获得现金红包。

（2）“我的中国赞”活动。这是一种典型的邀请好友点赞活动，用户可以在活动页面生成个人点赞页面，获得 10 个及以上的好友点赞后，春节时就可以参与分现金红包，最高可得 2018 元。

（3）“加入除夕明星战队”活动。用户可以在活动页面中选择自己支持的明星，成为其战队的一员，在除夕夜时共同分 300 万元的现金红包，而明星战队人数越多，其支持者得到的现金红包金额就越大。

（4）“签到领红包”活动。在活动页面中，用户可以每日签到，完成后将获得一定数额的红包，除夕时可以将红包提现，并参与转盘抽奖。

PART 2
流程实战篇

- 准备期：线上活动策划成功的前提
- 策划期：基于目标导向的设计路径
- 执行期：让活动策划方案落地到位
- 推广期：精准高效的引流实战攻略
- 复盘期：开启活动运营的进阶之路

第5章

准备期：线上活动策划成功的前提

Step 1：明确活动策划的目的

商家开展任何线上活动都会首先做活动策划方案。然而，从活动效果来看，同样是投入一万元的预算，有的活动能为商家带来“10 万 +”的用户或百万元的订单，而有的活动却只能吸引一千名用户。下面我们将具体阐述如何策划一个完整的线上活动，以帮助商家用最少的投入获得最大的活动效果。

一个完整的线上活动策划应包括活动目标、活动对象、活动时间、活动形式、活动预算、推广渠道、风险监控、效果预估等几个方面。

在开始策划线上活动前，首先就应该思考活动的目的，活动目的就如同灯塔一般为大海中漂泊的轮船指明方向，避免策划活动过程中偏离正确轨迹，耗费了大量时间与精力，却不能达成预期目标。明确了活动目的后，还应该将其转化为具体的量化目标，这样更加有助于后续进行活动效果实时监测及优化。

在这之后，便要为活动确定一个主题，整个活动将围绕该主题展开，主题要有较强的吸引力，在营销推广过程中可以引发广泛的话题讨论，优秀的主题往往会让用户产生眼前一亮的感觉，使活动的营销推广取得事半功倍的效果。

以“网易味央黑猪肉”主题为例，该主题是用于推广网易饲养的生态猪的。虽然近几年的跨界案例非常之多，但本身作为互联网公司的网易去开养猪场仍让很多人感到不可思议，在国内市场中，此前尚未出现像网易味央黑猪肉一般受到如此广泛关注的猪肉品牌。

网易味央黑猪肉通过拍卖活动对自身品牌进行营销推广，这显然和传统肉类品牌形成了明显的差异化，再加上以杨元庆为代表的企业家的信任背书，自然使网易味央黑猪肉在社交媒体中引发了广泛的话题讨论。

网易味央黑猪肉的拍卖活动能够取得如此良好的传播效果，主要是以下三个方面的优势：

（1）互联网公司跨界开养猪场本身就容易引发话题讨论。

（2）消费升级与购买力持续提升，使人们对健康、生态的猪肉需求迅速增长。

（3）丁磊充分发挥其人脉优势，互联网大咖为网易味央黑猪肉站台。

做任何线上活动都要确定一个目标，如此才能明确整个活动的策划核心与方向；而要制定活动目标首先应明确活动目的，即活动是为了拉新、促活还是增收。需要注意的是，不同活动目的之间并非完全独立，而是相辅相成、具有紧密的关联性。比如以促进用户活跃度为目的的活动，也必然会带来店铺收入的增长，不过策划人员必须明确侧重点，以促活为核心策划设计整个活动，如此才能获得最佳的活动效果。

明确了活动目的，接下来就是制定合理的活动目标，既不能太高无法实现，也不宜过低弱化活动价值。对此，策划人员可以首先了解近一年内店铺活动前后的数据对比，如以拉新为目的的活动，活动期间比不做活动时新用户增长了50%，则可以将增长50%到60%新用户定为活动目标；对于缺乏历史活动数据的商家，则活动增长目标一般定在30%比较合理。

Step 2：制定活动运营的目标

在正式开始做某件事之前，都需要进行相应的准备工作。如果准备工作存在漏洞，没有注意到应该注意的问题，可能导致最终达不到预期效果。所以，对活动运营而言，准备工作也是必不可少的，应该尽可能做到完善与全面。在这里，我们对活动运营的准备工作进行具体分析。

在活动运营中，所有活动的开展都存在特定的动机。从根本层面上来说，活动即借助某些奖励机制调动用户参与的积极性，并对其行为产生引导作用。所以，大部分活动都有既定的目标，举例来说，实体店向进店客户提供优惠券、App为用户提供视频网站的会员资格等。

◆ 活动运营的目标

一般情况下，以时间为划分标准，活动运营的目标包括两类：短期目标与长期目标。

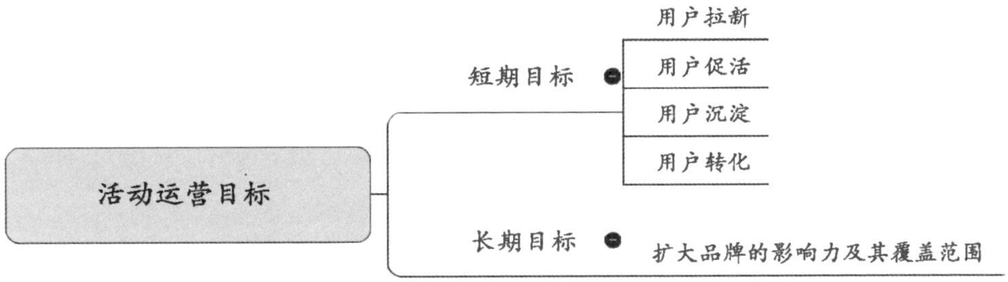

图5-1　活动运营目标

1. 活动短期目标

（1）获取新用户。促使用户关注自己的公众号或安装自己的 APP，举例来说，有些 APP 出于获取用户的目的，推出 H5 活动，并为新用户提供优惠，天猫就是一个典型代表，第一次下载并注册其 APP 的用户可获得天猫发放的购物券。

（2）提高用户活跃度。保持用户的积极性，举例来说，有平台通过推出团购或其他形式的优惠活动提高老用户参与的积极性。

（3）沉淀用户。为了进行用户积累，提高用户留存率，部分 APP 推出定期签到活动，比如，淘宝用户签到后可得到平台发放的淘金币。

（4）实现用户转化。将免费用户转化为付费用户，举例来说，很多视频 APP 的用户在第一次付费晋级为平台的 VIP 时，会获得相应的优惠。

2. 活动长期目标

活动的长期目标，旨在扩大品牌的影响力及其覆盖范围，为此，运营方需进行品牌打造，制定产品总体发展规划并进行落实。

◆ 活动目标用户分析及确定

首先要找到该活动要面向哪些目标用户，这些用户有何特征。通过对目标用户进行深入分析，有助于为活动选择合适的投放平台、确定活动内容等，因为不同的用户群体需求存在较大的差异，制定消费决策时，考虑的因素也有所不同，所以，必须针对特定的目标群体来设计活动，才有可能达成活动目标。

明确的活动目的与模糊的活动方向有本质区别，前者是一个可量化的数字，后者是一个可用拉新、促活、留存等词语进行概括的概念。目标要用数字表示出来，实现可量化。比如，“提升新注册用户量”不是明确目标，“一个月内新增用户 1000 人，且每位新增用户成本控制在 100 元以内”就是明确目标。

◆ 如何制定明确的目标

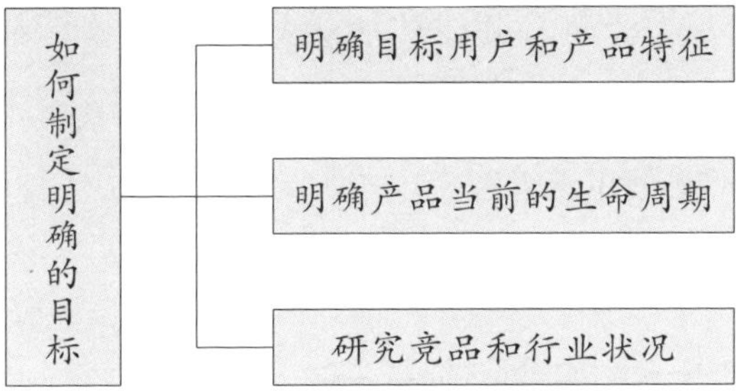

图 5－2　如何制定明确的目标

1. 明确目标用户和产品特征

活动参与者必须符合产品用户画像特征，众口难调，明确目标用户群体，对其进行细分，能为运营人员制定正确的目标提供有效指导。

2. 明确产品当前的生命周期

产品的生命周期不同，相应的运营目标也应不同。在产品引入期，运营人员的主要任务是引入种子用户，保障其用户体验；在产品成长期，运营人员的主要任务是引入新用户；在产品成熟期，运营人员的主要任务是实现产品变现。

举个例子：滴滴出行在生命周期的不同阶段推出了不同的活动，在刚进入市场阶段，滴滴出行发放了很多大面值的优惠券与折扣券；在成长阶段，滴滴出行对优惠券使用做出了一定的限制，仅限拼车使用；在成熟阶段，滴滴出行不再发放优惠券，用户只能用积分兑换优惠券。由此可见，在不同的生命周期，产品的让利活动要有所改变。

3. 研究竞品和行业状况

每一个线上活动都是互联网运营人员付出诸多努力与心血的结果，借鉴这些线上活动，运营人员往往能策划出更完善、成效更好的活动。因为通过分析他人的活动效果，运营人员可以借鉴很多卓有成效的方法，也可以避免很多不必要的失误。

Step 3：确定活动主题与形式

◆ 活动主题

活动主题是活动目的与时间节点相结合的产物。活动主题就是以活动目的与时间节点为基础确定的一个文案，这个文案既要吸引人，又要简单、新颖、与产品定位相符。在很多活动策划人员看来，确定活动主题非常难，很多策划人员都将活动主题的确定视为活动策划的第一步。

事实上，活动主题不应过早确定下来，在确定活动主题之前还有很多事情可以做，比如明确活动目的、确定时间节点等。待这些准备工作完成之后，活动主题自然而然地就确定下来了。

任何活动都不可能覆盖所有人群，策划人员应综合考虑产品属性、活动形式、活动目标、推广渠道等诸多因素以明确活动对象。需要注意的是，确定活动对象并不是简单了解受众的性别、年龄、地域等基本信息，还要深入分析用户的个人行为、消费偏好等内容，进而结合自身的产品特质最终确定活动的目标人群。

◆ 活动形式

确定了活动目标和时间，活动便有了一个大体框架，接下来就需要考虑采用何种活动形式去更有效地吸引目标对象参与进来。较为常用的活动形式主要有四种：

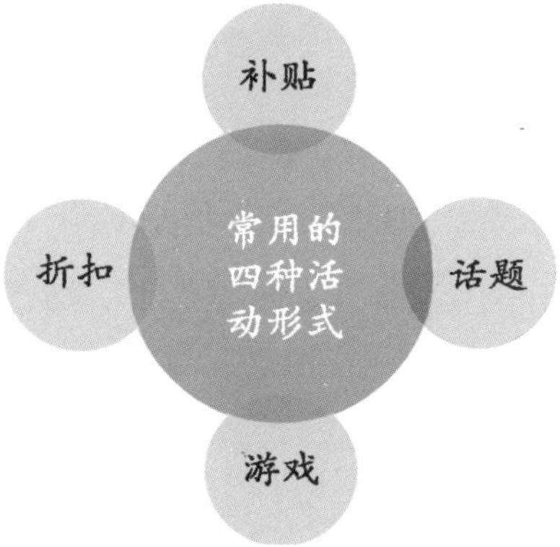

图 5－3　常用的四种活动形式

1. 补贴

这种活动形式被很多生活服务类产品采用，有助于短时间内实现用户规模的大幅增长，使产品被更多用户了解和使用。

以美团外卖为例，用户在该平台点外卖会获得一个红包，将红包分享给他人，则用户和他人都能获得红包，从而既通过用户分享吸引更多人使用产品，又通过红包补贴的形式留住了老客户。此外，美团外卖还不断创新红包玩法，如在用户分享红包时显示第几个红包里钱最多，借此引导用户持续分享以获得最大面额的红包，从而为平台带来大量新用户。

2. 话题

主要是借助社交媒体和用户口碑传播，使自身产品或服务成为用户关注和讨论的热点话题，并通过多种方式鼓励用户分享正面话题，以此实现活动目标。健身类和美食类 App 经常采用话题活动形式，如美食天下发起的“吃早餐”话题分享讨论活动，减肥健康 App 发起的“我是美食达人”话题活动等。

3. 游戏

即让用户在玩游戏过程中获取产品信息或优惠，这是电商平台比较常用的活动形式，如支付宝在每年的“双 11”活动期间都会推出各种获取优惠券的小游戏。

4. 折扣

折扣优惠是最直接也最容易吸引用户的活动形式。人都有逐利性，当商家采取产品折扣让利或做出对用户极具诱惑的许诺时，就会深度激发用户的消费欲望，吸引用户购买更多产品甚至是采购计划外的产品。

折扣让利也是很多商家经常采用的活动形式。比如，苏宁易购“818 活动”期间，平台会对部分商品进行折扣促销；再比如，电信通过开展“云南双人游，充值放肆送”的优惠活动，吸引更多用户到天翼客户端充值。

Step 4：选择活动时间与节点

任何一个线上活动都要师出有名，用户难以接受没有理由的福利。

所以，策划人员必须找到一个合适的理由，并将这个理由与产品结合在一起。对于用户来说，这个理由是其与产品的第一触点，非常重要，属于活动策划的核心。活动时间对活动效果有着十分关键的影响，选择合适的时间节点可以降低引流成本，进而获得最大的活动效果。

线上活动主要包括常规型、节日型和策划型三类。常规型活动的目的大多是为了增强当前产品的用户活跃度，具有短平快的特点，在较短的时间策划、上线和结束，一般不会耗费太多精力和资源。同时，产品情况不同，常规型活动的具体形式也有所差异，如社区类产品的常规型活动包括抢楼、评论、话题发帖等。

节日型活动就是借助特定节日、基于产品本身特质策划一些小活动，比如端午节、中秋节、国庆节、圣诞节等。节日型活动通过搭建特定的场景更容易唤起用户的产品消费行为，同时还能够借此提升产品或品牌影响力，获取新的目标用户。

策划型活动更依赖有创意的点子，比如天猫“双 11”购物狂欢节、京东“6·18”年中大促、小米“用户发烧日”等，原本都是一个普通的日子，却被这些平台赋予了新的意义和内涵，最终成为各平台争相推广、吸引用户的重要渠道。

从其他维度来看，策划活动也可分为征集类、交流类、投票类、抽奖类、游戏类等，但殊途同归，大致都可以归到上述三类活动中。企业可以基于产品具体情况在年度活动方案中对不同类型的策划活动进行规划布局。

在店庆、节假日等时间节点举办活动已经成为一种普遍现象，不过得益于移动互联网的快速发展，线上活动的时间节点选择得到了极大的拓展，当出现一些热点事件时，也可以推出与之关联的活动来借势营销。当然，要想这种活动能够取得预期效果，必须充分发挥自身的创造力，使活动能和热点事件自然连接。

如果无法从热点中借势时，就应该避免在其影响较强的时间段内举办活动，比如：在“双11”期间，面向年轻用户群体举办非购物性质的线上活动很难取得良好效果，因为他们此时都忙于挑选商品，没有时间参加其他活动。此外，经过多年的发展，很多节假日已经被贴上了独特标签，比如：国庆节外出旅游、端午节吃粽子、中秋节买月饼等。

通常来看，比较理想的活动时机包括：

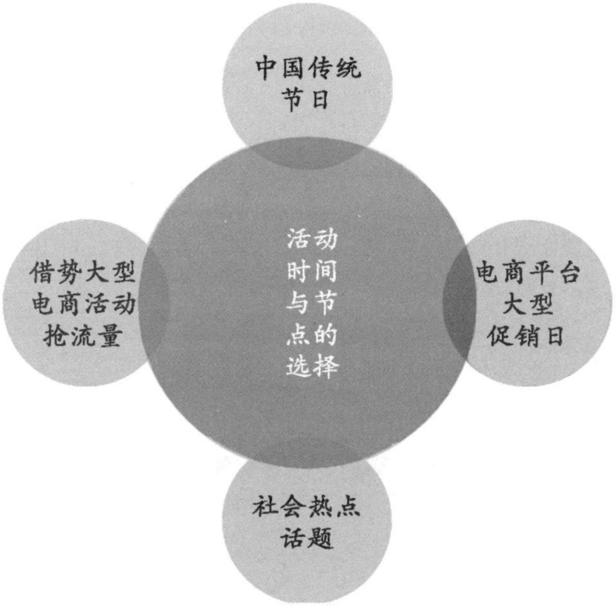

图5－4　活动时间与节点的选择

◆ 中国传统节日

在春节、元宵节、七夕等传统节假日开展活动已成为所有商家的共识。这类时机的最大优势是具有可预知性和必然性，商家有充分时间做好活动准备工作，从而获得最佳效果。利用节假日为活动引流，让活动和当下的时事热点相结合，是低成本获取较高流量的有效途径，利用节假日借势时，需要注意以下几点：

（1）由于节假日都有明确的时间，所以要在节假日到来前做好充分的准备工作。

（2）使活动和节假日能够自然衔接，而不是生搬硬套。

（3）利用节假日和目标用户精准对接，并充分满足其个性化需求。

（4）制定年度节假日活动规划，并为每个活动搜集成功案例，以便节假日来临时可以参考。

支付宝春节期间推出的集五福活动，可谓是品牌借势营销的巅峰之作。具体来看，其优势主要体现在以下几个方面：

★超过2亿元现金迎合了用户逐利的需求。

★支付宝团队用20多天时间为活动预热，并贴心地为用户提供了集五福攻略，方便用户参与。

★集五福活动具备一定的挑战性与竞争性，能够满足人们的炫耀心理。

★该活动和春节送福的传统文化完美契合。

需要注意的是，在一些特殊的传统节假日如清明节、中元节等开展活动时，必须更加谨慎，特别是要避免触犯人们的忌讳，否则不仅无法实现活动目的，还会引起用户反感。

◆ 电商平台大型促销日

一种是互联网创造出来的节日，比如“6·18”“双11”“5·20”等；还有一种是生搬硬套形成的节日，比如家装节、美妆节等。这些节日都可以成为线上活动推出的理由。

随着互联网整体商业生态的发展成熟，天猫“双11”和“双12”活动、京东“6·18”年中庆、苏宁易购“818店庆日”等电商平台的大型促销活动已发展成为全民网络购物狂欢。此外，一些垂直行业的商家也会推出大型促销节日，如“家装节”“美妆节”等，借势这些时机开展活动，既容易引起更多用户关注，也减少了教育用户的时间成本，获得事半功倍的效果。

◆ 社会热点话题

借势热门事件也是不错的活动时间选择，不过与上面两类时机相比，热门事件又分为可预知事件和不可预知的突发事件两种情况。在互联网时代，热点层出不穷，社会热点、娱乐新闻热点、体育新闻热点等，只要与产品相关，就能用来策划线上活动。

利用热点事件借势时，也需要做好以下几点：

（1）热点事件往往无法预测，需要活动策划人员实时关注市场动态及潮流。

（2）和节假日借势一样，也要使活动和热点事件密切连接。

（3）活动有趣味性，便于用户参与。

（4）遇到负面性的热点事件时，需要格外谨慎。

可预知的热门事件如新产品发布会、大型赛事等，虽然并非每年都有，但事件发生时间却可提前获知，从而也能使商家有足够时间进行活动准备工作；突发性热门事件则具有不可预知性，无法提前获知，借势这类事件开展活动对策划人员具有更高的要求。

有些热点的推广效果可与节日推广效果相比，比如世界杯、奥斯卡、奥运会等。以电商产品为例，商家可借世界杯这个热点策划活动、推销商品，比如推出竞猜与知识问答得红包等活动，这些活动既与热点相符，又与电商产品相关，自然能取得不错的效果。

对于一些体育赛事的热点，运营人员完全可以预测。比如在奥运会期间，孙杨的比赛就是一大热点，比赛时间固定，运营人员只需根据截然不同的两种结果（夺冠与落败）分别制定海报，待比赛结果一出来立即通过微信、微博将海报发送出去即可。在抢热点这件事情上，运营人员最应做的就是抢占先机，否则就会淹没在众多信息流之中。

◆ 借势大型电商活动抢流量

在电商活动中，抢流量是最常用的一种方法，抢流量的基本逻辑是：当一些大型电商平台举办大型活动时，全网的流量都会增加。为了抢夺更多的流量，运营人员就要将自己活动的高峰期与他人活动的高峰期错开，最好设置在他人活动的预热期，将不耐烦等待的用户吸引过来。

比如，在2017年“6·18”期间，京东的年中大促吸引了很多用户关注，但用户登录之后却发现一些商品不能立即购买。在这种情况下，将活动高峰期放在6月16日的唯品会，虽然折扣力度不大，却以能令人接受的低价吸引很多消费者下单。在这个活动中，唯品会的抢流量不可谓不成功。

Step 5：资源准备与预算评估

◆ 活动前期的资源准备

活动运营离不开资金、推广资源、人力资源这三种资源。一般来说，资金可以用来购买流量、奖品、进行市场推广、布置线下活动所需的场地；推广资源指的是内部推广资源，比如App开机动画、广告位、弹窗等；人力资源指的则是设计师、工程师与运营人员。

线上活动要提前安排、错峰安排。运营人员对每年的固定节日早已烂熟于心，对于可以用来开展活动的热点，基本上在年初就能知晓。所以，运营人员要提前预约资源，尤其是人力资源。同时，还要做到资源的错峰使用，在资源充足阶段安排那些需要长期开展的活动或已经提前安排好的活动。

面对资源不足的情况，运营人员可采取两种解决方法：

（1）增加可利用的资源。与其他平台、机构联合开展推广活动是一种非常有效的借助外界资源的行为。比如，Global market 使用合作制造商提供的手挽袋作为展会推广的赠品，将这些手挽袋赠送给与会人员，一些与会人员会将手挽袋送给拾荒者，拾荒者会将收集到的手挽袋进行二次出售。

（2）对资源进行合理配置。比如提升获奖门槛，将人人可得奖品变成抽奖等。另外，资源的合理分配还包括人力资源的合理分配，对于与用户及产品定位相契合的突发热点，企业可在这方面优先分配资源。一旦热点过去，企业就要果断放弃，以免造成资源浪费。

◆ 活动前期的预算评估

很多活动其实并不需要运营者投入什么成本，比如可以与商家进行合作，让商家负责提供奖品，在活动中帮助商家宣传；再比如一些创意性的活动也不需要投入成本就能吸引众多用户的关注和参与，如“一元购画”之类的公益活动。这些不涉及成本的活动自然也不必考虑预算问题。

对于需要一定成本投入的活动，则应围绕活动目标制定预算。这里又分为两种情况，一是活动目标不直接涉及利润因素，需要考虑公司要求的人均成本范围。比如活动目标为拉新，公司要求获取一名新用户的成本不能超过 5 元，则“预算 = 人均成本 × 目标拉新数”。

表 5－1　基于人均成本的活动预算

产品	人均成本（元）	拉新人数	活动成本（元）
A	5	1000	5000

如果活动目标是与利润有关的增收，制定预算时就要考虑更多因素：既要了解产品成本，也要考虑到公司要求的最低毛利率。这种情况下活动预算的计算公式为：预算 = ［（产品单价 － 产品成本）－ 产品单价 × 公司规定毛利率］ × 目标订购量。

比如，A 产品单价 100 元，成本 80 元，公司要求的最低毛利率为 10%，则单笔订单的活动成本为：（100 － 80）－ 100 × 10% ＝10 元。这意味着，20% 的毛利率中有 10% 可用于活动成本。

表 5－2　基于企业利润的活动预算

产品	售价（元）	成本（元）	公司要求最低毛利率	目标订购量	活动成本（元）
A	100	80	10%	1000	10000

活动取得了超出预期的效果，显然表明此次活动是十分成功的，不过由此而来的一个问题是此前的活动预算可能不足。对此，活动运营人员既可以降低活动的中奖概率，也可以向公司申请更多预算，还可以凭借优异的活动成果吸引其他商家参与进来，让其他商家对活动进行赞助，

从而既解决预算不足的问题，又使赞助商能够分享活动成果，实现共赢。

如果有恶意刷活动的现象，该怎么处理?

对于恶意刷活动的问题，策划运营人员要结合产品本身特质尽可能全面考虑可能被刷的环节或内容，并借助相关技术手段进行风险监控，以最大程度地避免不必要的损失。

◆ 效果预估

主要是对整个活动的投入产出状况进行预估，包括活动投入的总成本、人均成本、参与人数、活动的产出、创造的利润、投入产出比、对后续活动的启发借鉴意义等内容。

第6章

策划期：基于目标导向的设计路径

Step 1：评估活动的可执行度

活动是企业运营的重要手段，在用户拉新、唤醒沉默用户、提高用户活跃度、增加产品或品牌的内容厚度等诸多方面都有重要作用，是吸引和留存用户、提高产品销售、塑造品牌和店铺形象的有效方法。因此，很多公司都有专门负责活动策划运营的人员，小到两三个人的活动策划小组，大到几十人的策划运营团队。

公司开展活动，首先要由策划团队制定一个详尽的活动方案，并在活动正式开始前检验评估活动方案的可行性，如是否符合公司开展活动的最终目的、是否充分考虑到了组织内部的资源状况与技术能力等。

具体来看，需要从以下四个维度评估活动方案的可执行度：

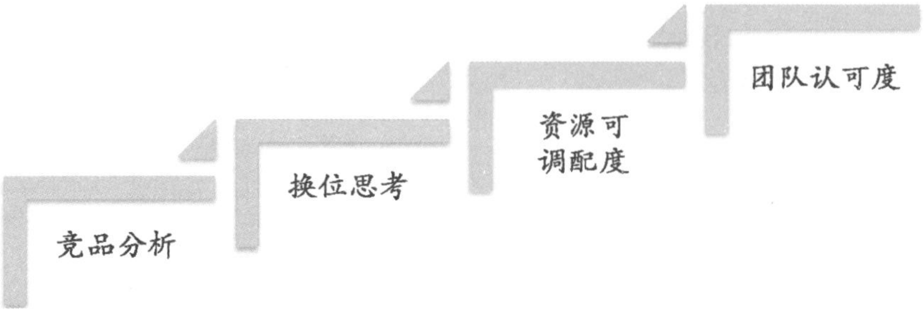

图 6－1　评估活动方案可执行度的四个维度

◆ 竞品分析

进行活动策划时，相关团队应首先进行竞品分析，了解竞品是否策划过类似的活动，哪些地方是值得借鉴的，哪些方面是需要注意和改进的。一方面，如果竞品已经开展过类似活动，说明自己的活动方案是可行的；另一方面，竞品分析也有助于发现活动运营中容易出错、需要特别注意和完善的地方，从而更好地保证活动成功落地。

◆ 换位思考

策划活动时，通常是成员先提出自己的想法，然后由团队一起讨论，这种讨论要尽可能换位思考，站在用户角度去分析成员提出的活动想法是否能够吸引用户。需要注意的是，公司成员毕竟不同于用户，要真正做到换位思考而不是陷入自我思维和主观“意淫”幻想之中，就需要活动策划团队通过各种方式（简单调研、收集分析产品用户的反馈信息、与用户深度沟通等）实现用户精准画像，了解用户的真实想法，从而制定最合适的活动方案。

◆ 资源可调配度

策划活动必须充分考虑到可以调动的公司资源，如人力、资金、技术、第三方资源等。通常来说，活动需要公司投入的资源越多，则需要承诺给公司的回报也就越高，因此策划团队必须明确活动的核心诉求和目的，充分考虑到资源投入与产出的平衡。此外，除了公司直接给予的资源，活动策划运营团队还可以通过与各部门的沟通协商争取第三方资源加入，从而获得更充分的资源保障并提高活动的规模效益。

◆ 团队认可度

活动策划运营需要所有团队成员的协同配合，而不是某个人可以独自完成的。因此，只有活动方案得到团队的高度认可，每位成员都明确活动的最终目的以及自己需要负责的地方，才能实现活动顺利落地。

Step 2：市场调研与活动预热

业内人士都清楚，在产品推广环节需要对竞争对手的情况有所把握，活动运营过程中，也要进行市场调研，了解竞争对手的发展进度。举例来说，要知晓竞争者当前的动态，他们擅长的活动类型，在活动运营中存在的不足之处等。

另外，还应敏锐感知市场发展形势，熟悉当前市场上普遍采用的活动类型，对不同活动的效果及其运营方式有自己的见解。

◆ 市场需求调研

在活动运营中需清楚，无论是哪种类型的活动，目的都是让用户参与。若无法调动用户参与的积极性，活动的价值就得不到发挥，也就很难达到绩效要求。因此，在活动准备阶段，运营方需要对目标用户的兴趣有所把握，明确他们的关注点。换句话说，要清楚用户的需求点，在奖品设置及提供方面符合他们的期待。

比如有的活动提供话费奖品，其金额为两元、五元不等，由于金额较少，大部分已经有收入来源的上班族并不关注，但对在校生的吸引力较大。

举例来说，某银行金融企业曾面向高校学生推出“关注微信号送话费”的活动，用户可获得平台发放的话费奖品，短短四个周的时间里，平台发放的话费奖品高达几十万，由此可以看出，话费对在校生具有较强的吸引力。

该企业之所以选择话费而非流量包作为奖品，原因在于，大部分高校学生会通过校园网，或者使用通讯公司赠送的流量套餐上网，这些流量足够他们使用。相比之下，很多从外地前来就读的学生在通话方面的需求比较大，所以，他们更倾向于选择话费而非流量。企业也正是抓住了高校学生的需求点，最终推出具有针对性的奖励方案。

由此可以看出，无论奖品类型是什么，只要运营者是在把握用户需求的基础上提出的，就能掌握主动权。

出于提高活动价值的考虑，通常情况下，运营方在前期准备阶段，就会评估活动的有效性及其可操作性。举例来说，运营方需要对活动人员的安排、平台运营情况、资源支撑等进行把控，促使活动达到预期效果。

◆ 活动预热

活动制定完成，运营方要进行活动预热，进行活动推广，在这个阶段，需要充分发挥平台的传播作用，扩大信息覆盖面。为活动进行宣传预热，对提高活动的用户参与度具有十分积极的影响，它可以向目标用户及时传递活动信息，为活动不断积累势能，在微信、微博等社交媒体中形成广泛的话题讨论。此外，为活动进行宣传预热，有助于策划人员评估活动正式上线后的效果，并根据用户关于活动的话题讨论，对活动方案进行优化完善。

尤其是对于周期较短的线上活动而言，活动预热就显得尤其重要。如果没有进行充分预热，可能一些用户还没来得及参加，活动就已经结束。就像线下活动的彩排、产品的内测一般，线上活动策划人员也需要通过提前预演，来了解此次活动准备是否充分，是否还需要对活动进行优化调整等。比如如何提升活动体验、降低活动参与门槛等。

有时，线上活动会涉及 H5 小游戏开发，活动策划人员应该主动参与到开发过程中，虽然我们可能不懂编程，但也可以通过试玩确保开发人员充分了解到自己想要的效果。

活动预热渠道可分为内部渠道与外部渠道两种，其中，内部渠道包括微信公众号、官方信息发布平台、官方微博等；外部渠道包括社交平台的信息共享、媒体报道、关键意见领袖的信息推荐、名人代言等。

Step 3：把握活动策划的原则

能吸引受众注意、激发受众兴趣的活动有很多，这些活动往往有一些共性，运营人员在策划线上活动时要朝这些共性的方向靠拢，来打造一场优质的线上活动。

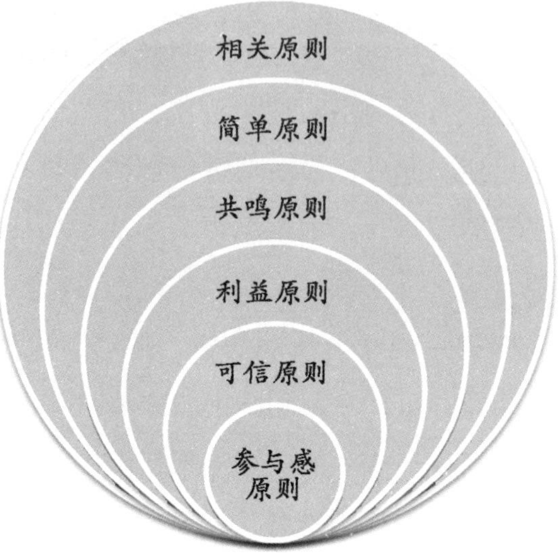

图6－2　把握活动策划的原则

◆ 相关原则

线上活动必须与推送的产品相关，活动所吸引的用户必须与产品的目标用户相符。如果脱离产品，线上活动就难以达到应有的效果，甚至还有可能导致核心用户大量流失。

铂涛旅行App为了吸引用户推出了一个预订酒店送演唱会门票的活动，铂涛旅行的酒店以低端经济型酒店为主，顾客多为20～30岁的年轻人，而赠送的演唱会门票却是天窗乐队的门票，该乐队成员的平均年龄在50岁左右。可以想见，该活动不仅没有达到应有的效果，反而造成了资源的极大浪费，还引发主流用户的反感。

这是一个反面案例，运营人员在策划线上活动的过程中要避免这种情况出现。

◆ 简单原则

一个线上活动要想吸引更多用户参与就必须做到简单。以曾在微博上火爆一时的“转发抽奖送 iPhone X”活动为例，这个活动非常简单，用户只需点击转发就能参与活动。在这个活动创意刚出现的时候，这是一个非常典型而又简单的线上活动。

◆ 共鸣原则

一场成功的线上活动要能让用户的情绪产生波动，比如，出其不意让用户惊讶；制造悬念让用户紧张；情感共鸣让用户感动，这些都是能让用户情绪产生波动的好方法。比如吴亦凡参加全民突击队 H5 就是一个成功引发用户情绪波动的线上活动。

◆ 利益原则

有利可图的“利”不仅是物质激励，还有精神激励。物质激励非常常见，比如优惠券、购物返现等都属于非常直接的物质激励；精神激励则比较少见，最常见的就是社交货币与炫耀资本等。

对于用户来说，排行榜是一项非常重要的炫耀资本。开心消消乐、飞机大战小游戏等都引入了排行榜，为用户提供了炫耀资本，让用户可以在朋友圈分享、炫耀，事实上，这就是一种社交货币。

◆ 可信原则

可信包含了两方面内容，一是平台可信，二是活动文案可信。运营人员要时刻对自己的文案用语进行检查，避免夸大其词、过度消耗用户期望值、奖励未按时发到用户手中等情况发生。

◆ 参与感原则

小米在提升用户参与感方面为我们做出了很好的示范，如果一个活动能让看到或听到的用户产生身临其境感，就能使活动效果大幅提升。通俗一点来讲，参与感就是热闹，热闹就是画面感。所以，在策划线上活动时，运营人员要让文字充满画面感，以激发用户的好奇心，吸引用户参与。

在这里要注意一点，就是在线上活动策划的过程中，不需要将这些材料都用在其中，只需朝这个方向靠拢即可。同时，这些材料之间可以互补，比如在物质激励比较丰厚的情况下，一些复杂的活动也能吸引大量用户参与。

Step 4：制定活动流程与规则

既然是活动就要有流程与规则，为了规避法律风险，每项活动规则都必须清晰、详细。但现实情况是，用户往往不会花费过多的时间去阅读活动规则，所以，策划人员要将复杂的活动规则进行简化，通过两种形式输出。

一次成功的线上活动必须要简单化。也就是说，一项活动的活动流程不能超过三步，否则活动就会显得非常复杂。与力求详细的活动规则不同，活动流程的目的是教用户如何参与活动，要图文结合、尽量简洁，让用户在最短的时间内掌握游戏规则。

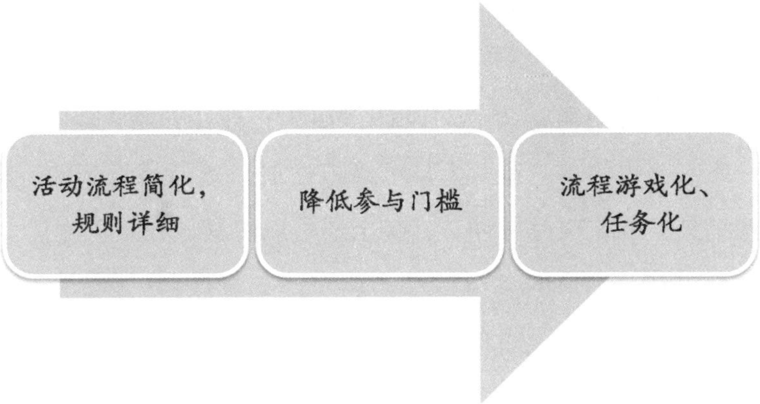

图 6－3　制定活动流程与规则

◆ 活动流程简化，规则详细

很多活动策划者在确定活动形式的过程中往往以自我为中心，想当然地认为目标用户和自己一样对产品有深入的了解，从而无形中给用户参与活动设置了很多障碍。但事实上，相当多的用户对产品所知甚少，可能体验过产品，但并不了解产品的专业知识。

所以，活动策划人员要学会换位思考，从用户角度出发，尽可能地减少其参与活动的障碍，精简活动流程，不需要复杂的脑力活动就能参与活动，比如使用方便快捷的二维码扫描取代搜索、点击关注等。从诸多实践案例来看，从活动开始到结束，每增加一个流程就意味着对用户进行了筛选，当流程过多时，将会大幅度限制活动人气。

活动规则的制定要效仿法律条款，做到详细、简洁、全文无废话，将所有细节，包括抽奖算法都写清楚、写明白，让法务审查检验，以规避法律风险。

◆ 降低参与门槛

降低用户参与门槛，让活动设计得简单，让用户参与起来简单。为了让用户参与变得简单，运营人员可以把注册、登录等复杂的流程后置，放在游戏结束、领取奖品等环节，甚至还可以将其放在下单之后。

要想真正降低用户的参与门槛，让用户节省操作时间，运营人员就要在活动开发环节投入大量的时间与精力，也就是要遵循“能量守恒定律”。要想在这二者之间找到平衡，运营人员就要在日常工作中积累经验。

◆ 流程游戏化、任务化

流程游戏化、任务化能吸引更多用户。要打造游戏化的流程，首先要根据 GAME 法则，构建瘾性系统。GAME 法则如下：

（1）Goal（标的），以消费者行为为依据对任务进行定性，比如登录、购买、分享，每完成一次任务就能获得一定的积分；

（2）Allow（准则），准则就是积分获取、加成规则；

（3）Medal（授奖），会员要划分一定的等级，或在事件完成之后赋予其一定的优惠与特权；

（4）Echo（共鸣），鼓励分享、对比、炫耀。

很多电商平台都成立了自己的会员俱乐部，其中的积分体系与任务体系都是游戏。

Step 5：谨慎防范黑天鹅事件

◆ 有效应对“黑天鹅”事件

黑天鹅指的是难以预测的突发事件，通常会引发一系列负面反应，使活动效果受到严重的不良影响。

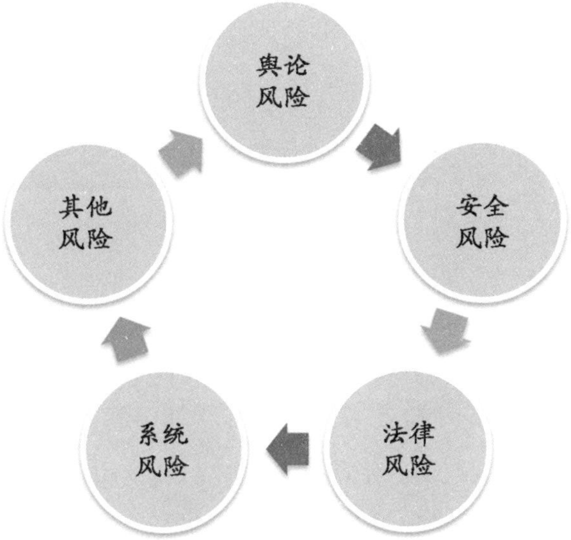

图6－4　活动风险与控制

1. 舆论风险

舆论风险最容易发生在利用热点策划线上活动环节，所以活动策划人员在追热点的时候要把握好尺度，尤其在追娱乐热点的时候，最好不要触碰某位明星的负面新闻，否则很有可能招致铁杆粉丝的攻击，得不偿失。

2. 安全风险

活动策划面临的最常见的安全风险莫过于活动红包被刷。为了规避这种安全风险，活动策划人员要采取一些手段，比如限制 IP、验证手机号码等。另外，为了更好地规避活动风险，在活动开始之前，活动策划人员还要做好与安全团队的沟通工作。

3. 法律风险

活动策划人员要学习新《广告法》，因为在活动策划的过程中，有一些文案经常用到，但从法律角度来看这些文案是不能使用的，比如“最”“国家级”等字眼。因此，在活动策划的过程中，如果遇到一些风险词，活动策划人员最好主动查询相关法律法规或向法务同事问询请教，以有效地规避法律风险。

4. 系统风险

在抽奖活动开展的过程中，由于抽奖频繁很有可能导致系统瘫痪，或者系统会发生一些突发性故障，用户的活动体验可能会受到不良影响。因此，在活动开始之前，活动策划人员要针对系统风险制定应急预案，指定事故负责人，一旦系统发生故障，负责人就要立即到位，采取措施解决问题。

5. 其他风险

在活动开展的过程中，活动策划人员还有可能遇到其他风险，我们将这些风险统称为信息流的不对称，具体来看包含两项内容：

第一，定义风险。线上活动的目的是获取新用户，那么什么是新用户呢？新用户指的是新注册的用户还是新下单的用户，对此没有明确的定义。第二，信息传递。活动页面的选品修改没有及时通知前后端开发，选品运营人员虽然通过邮件将新的产品 ID 发送给开发人员，但开发人员经常忽略邮箱中的邮件。

为了避免这些情况出现，活动策划人员要在所有活动策划完成之后对其中涉及的概念进行详细定义，将所有与活动相关的文档、设计稿、交互稿放在一个共享文件夹内，以便相关人员浏览、查看。

◆ 活动效果的优化措施

很多活动在实际开展过程中都会遇到难以达到预期效果的问题，导致未能吸引足够的用户参与。出现这种情况时，活动策划人员应当对活动的每个环节进行具体分析，找出是哪个环节出现了问题，然后有针对性地优化改进。

（1）导流过少，则要争取更多推广资源，拓展推广渠道并延长活动在线时间。

（2）导流足够但进入活动页面的用户不多，则要深入分析是导流质量问题还是导流的相关性不强。

（3）很多用户进入了活动页面但真正参与活动的用户较少，则要分析是活动门槛设置过高的问题，还是活动流程过于复杂、参与规则不明确或者其他原因。

（4）如果活动涉及增收等利润因素，则还要考虑到用户转化率是否过低，即活动虽然吸引到众多用户参与，但却没能触发用户的购买行为。对于这类以增收为目标的活动，在策划设计阶段就应充分考虑到如何有效激发用户付费；同时在导流环节也要通过适宜的文案向用户表明参与活动需要的成本等信息。

第7章

执行期：让活动策划方案落地到位

法则 1：实时关注活动的进展

策划出合理的活动方案后，更关键的是按照方案实现活动的顺利落地。在具体落实期间，相关负责人需要对整个流程中涉及的各个环节进行监督，明确活动中存在哪些不足之处，对各方面的活动信息进行获取与集中分析。

从结果上看，活动的核心数据是增加了多少粉丝或产品销量；但在活动执行过程中，很多数据也是需要运营者重点关注的，如活动页面参与情况、渠道来源、渠道转化率等动态数据。这些数据在活动结束后可能不再重要，但在活动过程中却直接影响着整个活动的效果，且活动周期越长，这些动态数据就越重要。

比如，商家同时在多个渠道中投放促销类活动，这时就需要关注每个渠道的动态数据，分析哪些渠道的促销效果更好，哪些渠道的活动需要改进，从而做出更有针对性的活动决策，不断优化活动，获得更好的促销效果。

为了对活动进度有更确切的了解，活动开始实施后，运营方需要时刻了解活动开展的情况。为此，在活动运营期间，要对活动的相关信息有所了解。

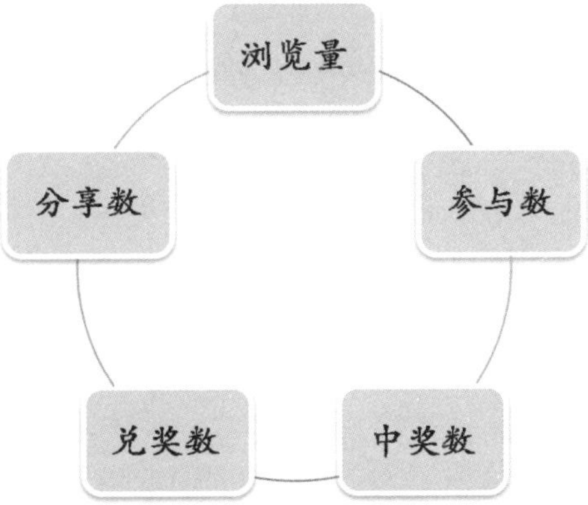

图 7－1　实时关注活动的进展

◆ 浏览量

通过分析活动页面的浏览数量、活动推出后的总体浏览量及参与用户数量，能够对该活动的市场接受程度有所把握；通过分析当天的浏览量，则能够得知活动参与的高峰期。

◆ 参与数

通过分析活动开始运营后各个阶段的用户参与数量，发现各个阶段中存在的不足，做出相应调整。

◆ 中奖数

通过收集、分析中奖数据来保证活动中奖率维持在正常范围内，当中奖数据超出合理范围，则需要及时调整中奖率，使其回归到正常水平。

◆ 兑奖数

中奖用户会前往兑奖，通过分析兑奖数，能够发现兑奖流程的不足，并对奖品是否符合用户兴趣进行检验。在为用户发放奖品时，可获取用户对奖品设置的意见反馈，根据其需求完善兑奖流程，对奖品设置进行适当调整，并为之后的活动开展提供经验借鉴。

◆ 分享数

通过统计活动分享数，可以从总体上把握活动的质量水平，如果活动分享数远低于预期数量，则需立即查找活动运营中存在的问题；如果活动分享数高于预期，也可找出此次活动的优势方面，继续保持。

当活动开展过程中出现意外情况时，运营方需在最短时间内发现问题所在，并采取针对性应急措施，使活动按照原定计划进行。活动运营是为了吸引用户参与到其中，是面向用户开展的，因此，在运营期间，要注重对用户信息及用户反馈的获取与分析。

（1）用户反馈：是指用户对于活动的评价及意见；

（2）用户信息：是指包括用户年龄、性别等在内的基础性信息，以及以用户倾向的奖品类型、浏览时间等为代表的动态信息。

活动必须围绕用户展开，但在活动具体执行过程中，运营者很多时候并不能直接通过活动页面了解到用户的真实体验和问题，这时构建用户反馈渠道及时获取用户信息就显得至关重要。

比如，微信公众号做拉新活动时，要将微信后台输入作为用户反馈渠道，时刻关注页面消息以获取用户反馈，如果很多用户都遇到了同一个问题，那么运营者就必须高度重视，及时检查自身的设置是否存在问题并做出改善，从而不断优化用户体验，吸引用户关注，完成获取新粉丝的活动目标。

虽然当前各类活动层出不穷，活动运营也成为企业吸引用户、销售产品、塑造品牌、培育忠诚度的重要手段，但成功策划活动特别是爆款活动并非易事，需要运营人员树立“以用户为中心”的思维，学会换位思考，深刻理解和把握需求、创意和传播三个关键因素，重视活动执行过程中的动态数据和用户反馈，并据此不断优化活动，如此才有可能实现成功的活动策划运营。

此外，及时公布活动结果也非常关键，这能让用户认识到自己参加的活动是公开、透明的，确实有用户在此次活动中中奖，从而为此后举办活动带来良性口碑。在公布中奖用户信息时，尤其需要注意保护用户隐私，避免损害用户的合法权益。

法则 2：借助数据监控与优化

活动正式上线后，策划人员要对活动效果进行实时监测，通过分析系统搜集的数据及用户反馈建议，了解活动的实际效果，从而有针对性地对活动方案进行调整。当活动效果不佳时，通过进行数据监测往往也可以找到问题所在，为活动方案优化提供有效指导。

对活动执行过程中的各类数据进行分析，运营者能够做出更合理的决策，不断优化活动。仍以促销活动为例，这类活动的最终目的是增加商品销售，提高经营业绩，因此选择哪种商品参与促销就尤为重要。运营者要通过采集分析每种商品的用户浏览量、点击量和销售转化率等数据，了解网站商品的整体销售情况，明确哪些商品更受消费者欢迎、哪些可作为搭售商品。

比如，在A、B、C三种商品中，通过数据分析发现A商品的浏览量和二级页面跳转率最高，则表明A商品是受用户喜爱的，有着较高的销售转化率，可作为促销活动中的热卖品。C商品的浏览量不高，但二级页面跳转率高于B商品，说明C商品并非不受欢迎，可能是因为详情页设计不合理或内容介绍不详细等导致用户浏览量不高，这时可以优化C商品详情页，如果优化后相关数据有了改观，便也可以将其作为促销活动的热卖品。

活动运营的目标导向性非常强。判断一个线上活动是否达到预期目标的最直观的标准就是数据。数据能非常直接地反映线上活动取得的成绩，好成绩能增强运营人员的自信心，坏成绩也能勉励运营人员再接再厉。

在线上活动结束之后，运营人员要对各渠道的引流效果、财务情况、用户参与情况进行充分了解。每个类型的数据都有很多指标，对于某些数据，运营人员要在活动开展的过程中对其进行持续监控；对于某些数据，运营人员只需在活动结束之后将统计好的数据拿来复盘即可。

那么，哪些数据需要持续监控呢？一般来说，需要进行持续监控的数据有两类，一是与活动目标密切相关的数据，一是与投入成本相关的数据。

如果活动目的是提升销售额，那么活动的核心数据就是客单价与用户下单次数；如果活动目的是提升内容消费者的内容消费量，那么活动的核心数据就是内容消费者的设备数量与日平均阅读量。

与投入成本相关的数据包括引流渠道的用户转化率、商品库存量等，这两类数据都需要实时监控。对引流渠道的用户转化率进行实时监控，一旦发现某渠道的投入产出比过低就要立即关停，以免造成巨大损失；对商品库存量进行实时监控，以及时调整中奖概率，增加库存。

为了保证数据监控与统计效果，活动策划人员最好与数据分析部门的同事多沟通，多参考他们的意见与建议。

在很多活动运营人员看来，策划文档与确定活动主题一样高难度，其中很多活动运营人员都会将策划文档与活动策划等同，一开始就全身心地投入到策划文档的撰写中。事实上，策划文档只是活动策划的一个环节，只是上述零散思维的总结。

为了方便在会议上展示，活动策划文档最好做成 PPT。同时，在制作 PPT 的过程中，策划人员可以将自己要表达的内容以框架的形式更简单、更直白地展现出来，以降低各部门人员的阅读成本。

另外，活动策划人员还需要注意一点，就是活动策划与运营涉及跨团队沟通问题，活动策划中的某些内容需要与其他团队协商制定，比如要与设计师团队协商制定交互模型，要与数据团队协商做好数据监控与统计工作，要与客服团队沟通活动规则等。所以，为了成功地运营一场线上活动，活动策划人员要做好与其他团队的沟通工作。

总之，要在活动运营及预期效果之间进行比对，必须对活动数据进行收集与分析。换句话说，只有以真实数据为参考，才能对活动的成功与否进行科学有效的评判。

除了在活动开展期间获取相关数据之外，在活动进行完毕后，还不能忽视数据的回收工作。通过数据回收，能够分析出活动结果与活动制定阶段的真实差距，定位阻碍活动正常开展的具体环节所在，根据问题提出解决方案，为以后活动的顺利开展奠定基础。

法则3：精准挖掘用户的需求

美国社会心理学家马斯洛（Abraham H. Maslow）将人类需求从低到高划分为五个层次：

（1）生理的需求——人类生存不可或缺的需要，如食物、呼吸、水、睡眠、性等；

（2）安全的需求——保护、稳定、有机体免受伤害的需要，如人身、家庭和财产安全；

（3）社交的需求——指获得情感归属的需要，如爱情、友情；

（4）尊重的需求——希望获得稳定的社会地位、自身能力和成就被社会认可的需要，包括自我尊重、对他人尊重和被他人尊重的需要；

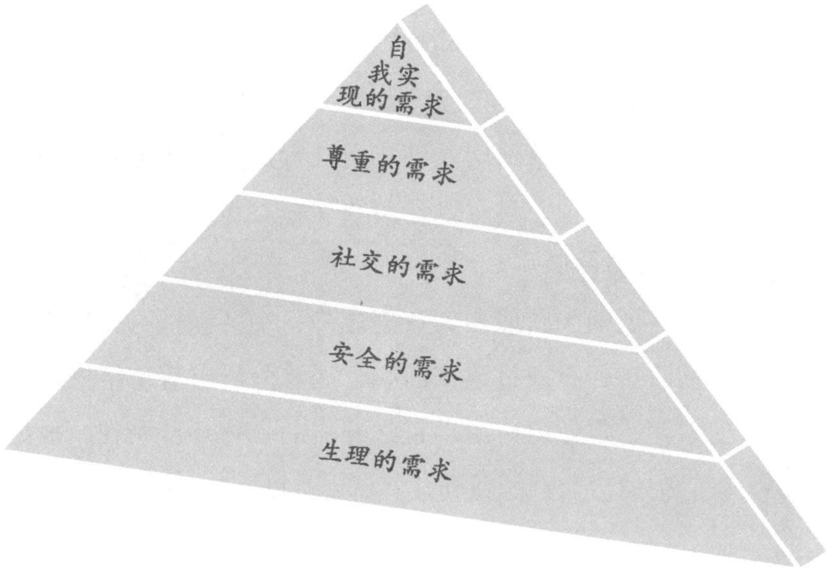

图7－2　马斯洛需求层次理论

（5）自我实现的需求——是最高层次的需要，指充分发挥出自身能力、实现个人理想抱负的需要。

从活动策划运营的角度来看，成功活动的第一步是挖掘目标用户的需求。任何活动都是以吸引留存用户、实现产品销售和品牌塑造为目标的，只有首先精准定位了目标用户的需求，才能策划出吸引用户目光并积极参与的活动，最终实现运营目的。

用户参与活动是为了获得某种物质或精神层面的价值，因此活动运营要强调用户利益，将其放在活动页面最显著的位置，使用户可以快速获取到参加活动能够为自己带来何种利益的信息，从而吸引用户参与到活动的下一个环节。

比如，活动运营方可以为用户提供免费产品、精美礼品，甚至是iPhone 手机、珠宝等实物奖励，也可以提供荣誉、代金券、虚拟道具等精神奖励。如果要为用户提供实物奖励，不妨拍摄实物照片并将其放在活动页面曝光度高的位置。很多时候，虽然人们知道中奖率极低，但当看到图片上诱人的奖品时，占便宜的心理会促使他们做出购买的行为。

比如，一个电商平台主要售卖衣食住行类商品，那么活动策划运营就要围绕目标用户最基本的生理需求，采取多种手段深度激发用户在衣食住行方面的强烈需要，如利用人们爱占小便宜的心理，推出“满 500 减 200”“订金翻倍”“积分兑换抢购”等活动，借此激发人们的购买欲望。

总之，只有首先把握了目标用户需求，活动策划运营才能有明确方向和主要着力点，才可能使活动真正吸引众多用户的关注和参与，实现活动策划的目标。

法则4：注重创意与口碑传播

◆ 活动创意

市场中每天都会涌现各种各样的活动，要想让用户持续参加自己的活动而不是跑到竞争对手那里，就要使活动具有创意性，能够在某个点对用户形成巨大吸引力并为用户创造价值，如活动新颖刺激、服务足够好或者能为用户带来社交货币等。

大致来看，能对用户形成有效吸引的活动应满足两点：

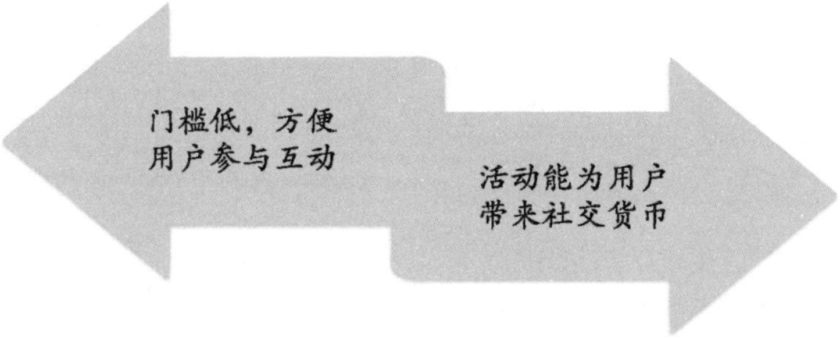

图7－3　吸引用户参与的技巧

1. 门槛低，方便用户参与互动

为了给用户提供更好的活动体验，运营者通常会设置一定的参与门槛，以筛选出真正的目标用户。不过，在信息极度过剩的互联网商业时代，用户大都不愿花费太多时间或精力去参与活动，因此谁能节省用户时间、让用户只需进行最简便的操作就能参与活动，谁就有更大可能吸引到用户。

从运营者角度来看，应尽可能降低活动门槛，制定简单明了的参与规则，最大限度地方便用户参与。比如，简书平台举办的“萌宠专题图文大赛”就通过极低的参与门槛吸引到众多用户参与：用户只需拍摄一张或一组自己萌宠的照片，或者手绘一张或一组萌宠漫画即可参与比赛。

2. 活动能为用户带来社交货币

用户参加完活动后，可以与朋友一起分享讨论这个话题，成为一种谈资，如每年的“双11”全民购物狂欢活动，已成为朋友之间的一种有趣谈资，吸引着越来越多的用户参与进来。

◆ 口碑传播

与企业自身进行活动宣传推广相比，用户的口碑传播具有更大的影响力，更容易吸引其他用户参与活动，而这需要活动策划运营者深刻理解和准确把握影响用户主动转发传播的因素，以获得口碑传播效应。

要让用户愿意参与活动并主动转发传播，则活动必须在某个或某些方面触动用户内心，能为用户带来某种价值体验，即具备传播因子，如个性、认同、兴趣、炫耀、互惠等。当用户认同这些传播因子后，就会主动分享传播活动，带来口碑效应。从这个角度来看，活动策划运营必须从用户角度出发，围绕用户需求、兴趣等开展活动，能为用户创造某种价值，如此才能吸引用户参与活动，并让他们愿意主动转发传播。

比如，滴滴、Uber、摩拜等共享出行服务平台推出的邀请好友注册即可获得红包或两人免单的推广活动，之所以能吸引众多用户的参与和主动转发，主要是由于融入了互惠这一传播因子：邀请好友，两人都能获得优惠，还能为彼此增加谈资、增进感情。

用户愿意参与活动表明他们是认可活动的，如果活动策划运营人员能够通过有效激励手段引导这些参与过活动的老用户将活动分享出去，无疑会大幅提升活动的影响力和效果。特别是在口碑营销愈发重要的情境下，用户的口碑分享远比商家的营销推送更容易赢得其他用户的认可和信任。引导老用户分享推荐的激励手段可大致分为两种，一是为用户带来实际利益的物质性奖励，二是满足用户深层次心理情感价值诉求的精神性奖励。

法则5：活动运营的实战技巧

◆ 趣味性

互联网泛娱乐化时代，活动要想吸引更多用户的关注和参与，必须“好玩”，具有趣味性，能为用户提供某种娱乐性体验。趣味性是吸引用户参与活动的一个有力武器，而且对富有趣味的活动，人们也愿意对其进行分享，将其推荐给自己的亲朋好友。显然，有新鲜感的活动比重复

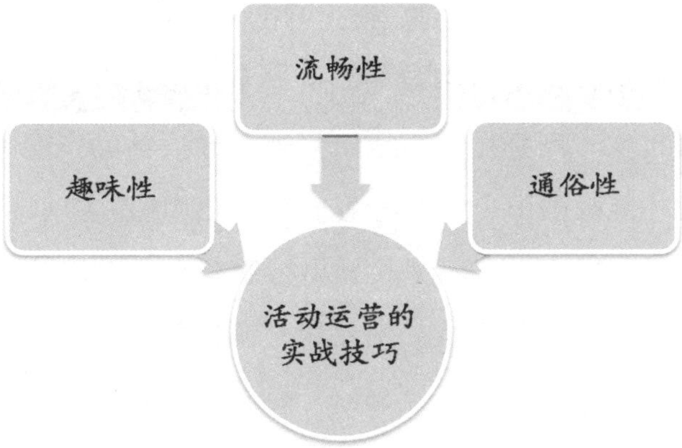

图7-4　活动运营的实战技巧

性活动更容易吸引用户参与，但想要创造一个新活动是一件颇为困难的事情，而对已经取得良好效果的活动进行微创新就显得尤为关键。

对活动进行微创新的切入点十分多，可以从投放平台角度，也可以从活动主题角度，还可以从活动规则角度，不过通常会保留原有的活动主体模式。

◆ 流畅性

"漏斗原则"表明，在用户从进入活动页面到参与完成活动的整个过程中，每一个环节都会有50%左右的用户流失。因此，策划人员应尽可能简化活动操作步骤，尽可能减少用户参与活动的成本。如不要让用户自己选择到哪个页面，而是直接引导用户进入下一个页面持续参与活动。同时，还要注意活动整体流程设计的流畅性，通过为用户提供流畅体验减少每一个环节的用户流失。

◆ 通俗性

一方面是活动的参与规则要简单明确，让用户一眼就能明白参加活动需要做什么，自己通过活动能够获得什么；另一方面对活动规则的描述也要尽可能简洁明了，以尽可能少的文字向用户说明活动的时间、参与方式、奖品内容、注意事项等内容。

这是策划人员需要着重把握的地方，因为完整描述活动规则通常要使用很多文字，但过多的文字描述会增加用户的阅读成本，让用户"望而却步"。对此，一个有效的解决方案是将活动规则中用户最关心、最有吸引力的核心信息放在页面最显著的位置，以此降低用户阅读成本并激发他们的参与兴趣，至于其他内容只要描述出来即可。

第8章

推广期：精准高效的引流实战攻略

线上活动运营推广的主要渠道

“创意再好的活动没有强大的渠道做支撑，都是白扯。”

无论活动如何规划，规划效果如何，都必须让用户知道。这个过程浅层次的做法叫做通知，深层次的做法叫做营销，在这两者之间我们取了一个相对中间的词语——宣传。对于活动宣传，我们的定位不是通知用户，而是将每一次通知用户的行为当作一场营销，寻找最佳的渠道发声，设计最好的文案打动用户。

随着时代的发展，宣传也在不断发展。在几百年前，宣传的主要方式就是走街串巷的吆喝、挂招牌；几十年前，宣传方式变成了广播、电视、小广告、纸媒等；现如今，在迅猛发展的互联网的影响下，宣传载体越来越多，划分也越来越细。在信息极度丰富并快速更新的互联网新媒体环境下，“酒香也怕巷子深”，策划人员必须高度重视推广渠道，好的活动只有成功推送到目标对象面前，才可能获得预期成果。

具体来看，活动推广可用的渠道有以下几种：

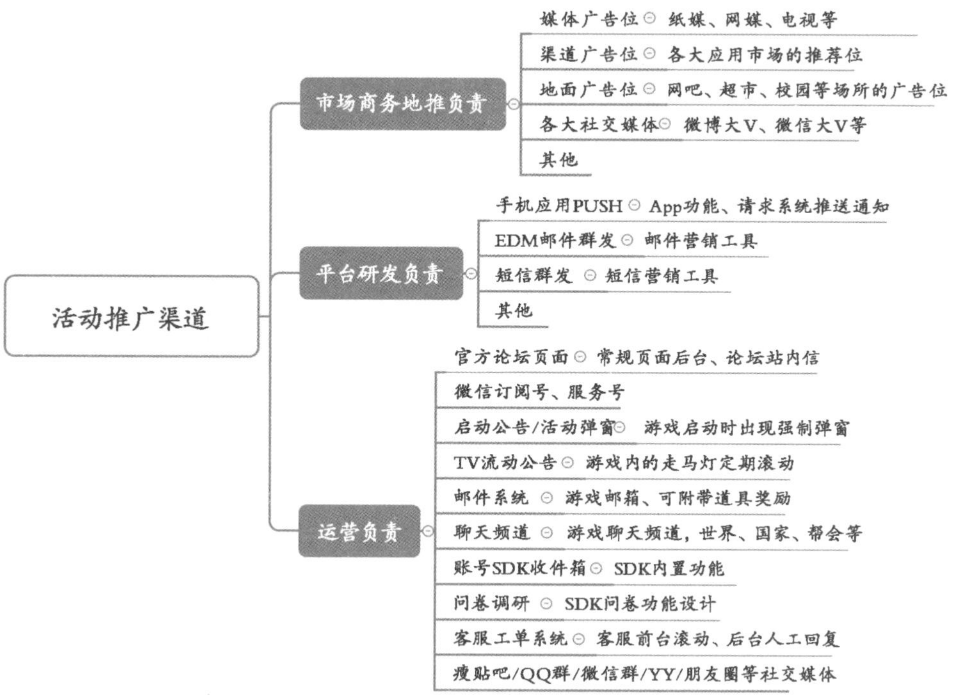

图8－1 活动推广渠道

在95%的场景中，运营人员只需做好内部管理工作的管理即可，但如果想进入那5%的场景，运营人员就必须能把控全局，普通运营与顶尖运营就是以此为标准进行划分的。

需要提醒的是，运营方在推广活动的过程中，需要避免以下几个认知误区：

（1）投放渠道越多越好。选择渠道首先考虑的应该是能带来有效流量，并不是越多越好，挑选出最适合、性价比最高的渠道才是王道。特别是做活动的投放渠道，主要是引发参与，如果无效的渠道带来的无效用户，也没法提起兴趣去参加你的活动。

（2）哪个渠道热门就投放哪个渠道。最热门的渠道不一定适合你的产品和活动，需要找到你的核心用户所活跃的地方，才是合适的渠道。

（3）投放时间与预算。投放时间早，但是因为预算不够，所以短短几天就下架了，不利于活动发挥长尾效应，可能会使用户忘却。根据预算制定活动的渠道投放方案，我看过一句话：最好的渠道与方法由你自己与团队的特长和优势决定。

内部渠道：整合自有推广资源

总的来说，推广渠道可大致分为付费渠道和非付费渠道两种：前者即花钱推广，如搜索广告、微信广告、大 V 转发等；非付费推广渠道除了产品本身所在平台，较为常见的方式是资源互推。

通常情况下，非付费渠道即所谓的“内部渠道”，指利用公司内部资源和自有渠道进行推广。以微信公众号互推为例，策划人员需要首先筛选出与活动具有较强相关性的公众号，然后与对方运营人员商讨资源互推的合作事宜，包括确定线上互推时间、互换的用户流量以及一方流量不足时应如何弥补等内容。下面我们来简单梳理一下企业活动的内部渠道（图 8－2）。

◆ 企业官方网站推广

企业官方网站是最为常见的一种内部推广资源，在网站首页醒目位

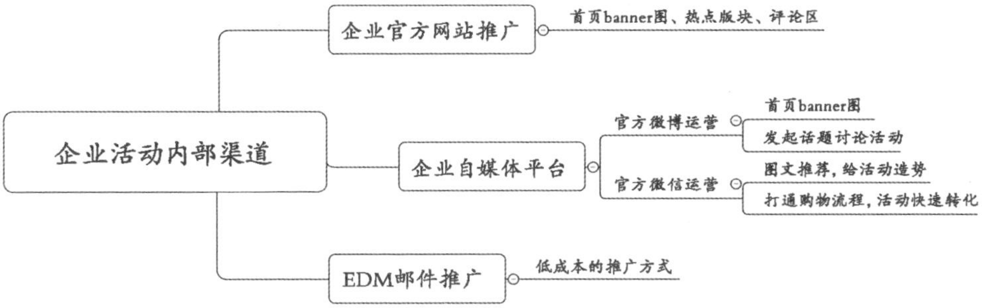

图 8－2　企业活动内部渠道

置，或者用户集中分布的热点版块（比如评论区等）添加活动信息，从而吸引更多的用户。在推广实践中，运营人员可以在官网首页添加活动 banner 图，或者在首页轮播图下方添加活动详细信息，欧莱雅为其面膜、日霜、眼霜等产品策划的申请试用活动就采用了这种形式。

此外，在官方网站上添加微信公众号二维码图片，也需要企业给予高度重视，虽然微信公众号红利期已过，但企业微信公众号如今已经成为企业新媒体运营的标配，而且引导用户扫描二维码关注后，可以让他们更为方便地接收活动信息。

◆ 企业自媒体平台

微博、微信作为两大国内亿级社交媒体，是企业界最为重要的自媒体平台，开通官方微博的企业可以进行蓝 V 认证，增强信任感；开通微信公众号的企业可以同时开通服务号与订阅号。

1. 官方微博运营

（1）在企业官方微博首页位置可以添加两张具有较强视觉冲击力的活动 banner 图，用户点击后可以直接进入活动专题页或产品购买页。

（2）企业官博发起话题讨论活动，为活动造势，鼓励粉丝参与讨论的同时，对活动进行转发，当然这需要提供优惠券、小礼品等奖励，以小米手机官方微博为小米 8 策划的话题活动为例，小米手机官方微博为参与话题讨论用户提供购买小米 8 的优惠券，并在博文中对活动内容进行详细说明。

2. 官方微信公众号

（1）图文推荐，给活动造势。在活动正式开启前，利用微信服务号或订阅号向目标受众发送图文信息，内容要尽可能地接地气、有趣味性、体现出活动价值，从而打动用户。如果内容符合目标用户需求，他们会在社交圈内主动进行口碑推荐。

比如，以 2018 年京东为其“6. 18 年中购物狂欢节”进行的营销推广为例，微信本身就是京东的战略合作伙伴，对后者给予了大量的流量支持，该活动期间，京东在微信公众平台上投放了商品图片、价格、详情、链接、折扣活动等一系列信息，再加上微信的流量支持，使活动取得了良好的推广效果。

（2）打通购物流程，活动快速转化。人们的很多购物消费是非理性的冲动消费，在微信端打通购物流程后，有助于在用户产生购买欲望时直接完成转化。比如，通过经过认证的企业服务号或订阅号直接销售商品，用户点击相关链接或识别二维码图片后，可以进入第三方商城或者企业自主开发的微商城中购物。

◆ EDM 邮件推广

EDM（Email Direct Marketing，电子邮件营销）推广虽然已经是一种较为落后的推广方式，因为国内市场中电子邮件用户活跃量较低，人们普遍倾向于用微信交流沟通，不像欧美国家对电子邮件沟通较为依赖，但这种推广方式成本极低，而且较为精准，也能够为企业带来一定的流量。

以 QQ 邮件为例，当用户收到 QQ 邮件后，用户会在 QQ 中收到提示信息，用户进入 QQ 邮箱后，首先呈现在用户面前的是邮件标题内容，所以，想要提高 EDM 推广的转化效果，增强邮件标题吸引力尤为关键。

外部渠道：借助内容分发平台

◆ 自媒体平台：内容分发渠道

活动信息可以利用各类自媒体分发渠道进行推广，但这类渠道不像微博、微信及邮件营销那样，企业对其有较强的可控性，它们通常会对企业自媒体账号发布的内容进行审核，当被判定为广告信息时，可能禁止发布。网易号、头条号、百家、搜狐号、企鹅号等都是典型代表，结合诸多实践案例来看，这类渠道需要企业持续向目标用户输出优质内容，通过长期运营沉淀足够的忠实用户后，才能取得良好的实践效果。

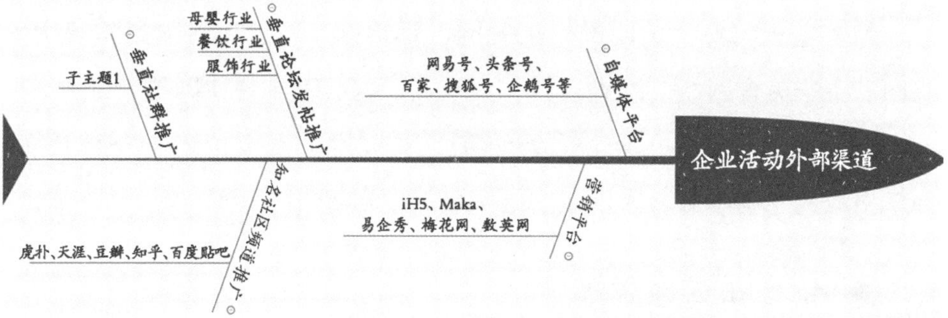

图 8－3　企业活动外部渠道

◆ 到营销平台上传作品

在 iH5、Maka、易企秀等 H5 营销平台上分享 H5 活动页面，也是一种外部推广的有效方式，如果 H5 活动页面质量较高，甚至有机会登上营销平台的案例展示页面，当然，在活动页面中添加二维码也是很有必要的。

梅花网作为一家仍处于初级发展阶段的营销平台，可以为企业提供免费曝光案例，以较低成本获得更多流量支持，有很多营销服务商入驻该平台，通过展示优秀作品来寻找与之合作的品牌商。

数英网也支持活动项目发布，但很多项目都是专业策划公司提供的，运营人员想要让企业的活动项目脱颖而出，需要对内容质量进行严格把控。

◆ 垂直论坛发帖推广

在垂直行业论坛中发推广帖，如果活动是针对某一地区的用户，在当地论坛中发帖推广不失为明智选择。下面从不同行业视角上，列举一些流量较高的论坛：

（1）母婴行业：孩子王、育儿网、摇篮网、妈妈网、丫丫网、宝宝树、母婴之家、蜜芽宝贝、爱早教网、优谈宝宝等。

（2）餐饮行业：美团网、红餐网、餐饮网、餐饮界、下厨房、中国吃网、中华美食网、二维火社区、大众点评网、百年餐饮网等。

（3）服饰行业：美丽说、蘑菇街、女装网、淘宝论坛、今日特卖、穿针引线网、中国服装人网、中国服装网论坛等。

◆ 知名社区频道推广

虎扑、天涯、豆瓣、知乎、百度贴吧等流量庞大的知名社区也具有较高的营销价值，这些社区中有很多子频道，需要运营人员结合活动内容及目标用户定位选择合适的频道并进行营销推广。

◆ 垂直社群推广

在垂直社群中推广尤其要注重推广文案的设计，简单的硬性推广会被视为广告信息而被群管理删除，发布信息的本人也可能会被禁言甚至踢出社群。

付费渠道：最有效的引流方式

◆ 大号 KOL 软文投放

在微博、微信等社交媒体中，和明星、大 V、KOL 合作，以高质量的软文进行营销推广，受到了越来越多企业的青睐。微博大 V 化身段子手为品牌打广告已经相当普遍，洋码头就曾经和大张伟及薛之谦进行合作，让后者为其宣传推广。当然，让知名大 V 打广告也需要付出较高的成本。以知名公众号为例，据了解，该公众号软文报价为：头条 68 万元，栏目冠名（周末故事）30 万元，底部 banner25 万元；二条软文 38 万元，底部 banner15 万元。

现阶段，具有较高营销价值的 KOL 包括：

（1）软文：深夜发媸、石榴婆报告、商务范、李铁根、六神磊磊、黎贝卡的异想世界等。

（2）插画：喃东尼、天才小熊猫、同道大叔等。

（3）明星：薛之谦、杨幂、胡歌、大张伟等。

（4）视频：一条、艾克里里等。

每个行业都存在一定的KOL，企业想要通过和KOL合作取得良好的推广效果，必须考虑KOL受众、风格与调性是否和自身较为一致，正式合作前，可以分析他们此前和品牌商的合作案例，从而选择真正适合企业的KOL，以相对较低的成本实现价值最大化。

◆ 微信公众平台申请开通广告主

在微信公众平台上申请开通广告主后将获得以下优势：

（1）能够覆盖庞大的目标受众。在微信发布的《2017微信数据报告》中，2017年9月，微信公众号月活跃账号数达到350万，公众号月活跃粉丝数近8亿。

（2）广告投放有较高精准性，微信广告运营团队将运用大数据分析，在对用户评论、分享等数据进行搜集并分析的基础上，帮助品牌商找到合适的目标受众。

（3）投放朋友圈广告，显著提高线上活动曝光量，利用朋友圈的口碑传播，助力企业品牌建设。

（4）通过发放微信卡券进行推广。微信卡券可以激发用户参与活动的积极性，给用户带来良好体验的同时，达成促进销量提升的推广目标。

◆ 微博首页广告推广

微博的广告价值不容忽视，尤其是首页的广告推广，比如，小米手机在为小米手机5推广时，就在该广告位中对活动信息进行展示，通过直降200元吸引大量用户购买。

◆ 百度竞价推广、广点通、粉丝通

百度竞价推广是一种按效果付费的线上推广手段，在为企业引流、促销、品牌建设等方面效果颇为良好，仅在移动搜索方面，2017 年 8 月，手机百度月活跃用户数为 1.6 亿人，排名第二的搜狗搜索这一数字仅为百度的 1%，但这种推广方式成本相对较高。

当企业购买百度竞价推广增值服务后，如果用户搜索信息时输入了和企业设置的关键词相关的词语，符合需求的商家就要为展示位置竞价。虽然关键词质量度、创意相关度、历史展现数据等因素对排名也会产生一定影响，但出价较高的企业明显更具优势。

广点通与粉丝通是两个投放较为精准的流量渠道，二者能够结合企业的营销需求和目标用户的年龄、身份、职业、收入、位置、兴趣爱好、生活方式等指标进行匹配，从而帮助企业实现精准营销。

以广点通为例，广点通是腾讯推出的付费推广服务，由于腾讯旗下拥有一系列千万甚至亿级流量产品，其推广效果颇为理想，朋友圈、微信公众号、QQ 空间、QQ 音乐及 QQ 游戏等诸多渠道都会被用来为广点通客户推广。

◆ 网盟推广

以百度网盟推广为例，企业可以将活动信息投放到和百度达成联盟关系的数十万个网站中，文字、图片及 Flash 动画等形式皆可，由百度向企业收费，联盟网站获得一定分成。网盟推广也是按效果收费（通常是按点击量），为了控制成本，企业可以设置每日上限，当达到该上限后停止竞价。此外，企业可以通过人群、地区、网站、主题词等对广告投放进行控制，确保广告内容实现精准投放。

◆ 新榜贴片广告

现阶段，新榜以自媒体广告投放为主，价格较为透明，而且有颇为丰富的移动端广告资源，可以让企业对投放效果进行评估。

基于场景设计的文案策划技巧

场景是包括背景环境、主题、受众群、规则、活动类型、奖励等所有条件在内的集合体。内容指的是一切能打动人心、提升转化率的信息，比如文案、音频、图片、视频等。

宣传渠道的调性不同，信息展示出来的样式也不同。有些渠道只能发布文字，且文字字数受限；有些渠道则能以网页的形式发布文字、图片与视频，这些都对运营人员的能力提出了极大的考验，要求运营人员能紧抓痛点，洞察需求。

由此可见，在活动宣传的过程中文案使用频率最高，所以活动宣传人员必须学会撰写文案。文案写作是一项系统性的工作，涵盖了多个学科的知识，比如经济学、行为学、心理学等。而且活动宣传人员要明白一点，文案并不是华丽词句的堆砌，而是对用户感受的设计。

现如今，我们进入了信息大爆炸时代，商家信息层出不穷，对消费者进行狂轰滥炸。App 应用的 Push 推送也好，短信营销、邮件营销也罢，面对这些信息，消费者会产生不同的感受与行为，或点击、或屏蔽、或被打动、或主动忽略。

为了让消费者接受信息，活动宣传人员就必须设计优秀的文案。要做到这一点，宣传人员就必须在日常工作中养成良好的习惯，主动积累，积极思考，比如那些感染人的文案背后有何逻辑，这个逻辑能否用到自己文案写作过程中等。

在公司各部门中，运营部门承担着销售指标，需要为产品销量与销售额负责。在这种情况下，运营部门必须付出千百倍的努力。每种销售行为都可以主打多个卖点，销售技巧是心理学、行为学、经济学的综合体现。在用户明白活动规则之后，TV 公告要做的就是刺激用户，文案设计就是设计用户感受，将用户所有精力放在提升销售转化率方面。

同样的场景有不同的做法，行为选择差异体现了思维认知方面的差异，文案设计差异体现了知识储备方面的差异，最终，这些差异都会通过活动效果反映出来，通过数据体现出来。

如何实现活动推广效果最大化

假设某公司在一场游戏竞技比赛中投入 500 万元来做包括品牌、新进、活跃、营销在内的运营活动，活动负责人最主要的工作就是想方设法让活动宣传效果的影响力达到最大。所有顶级运营人员都有一些独有的经历，“能不能做到”和“能做到，但是否去做”是两个完全不同的问题。

◆ 外部广告位——想办法蹭

在跨部门合作之前，部门负责人一定要做好被对方拒绝的准备，即便同处一个公司，但部门利益不同，为了维护自己部门的利益，部分负责人很有可能婉言拒绝合作。

在市场营销体系中，外部广告位是必须付出精力与金钱才能获得的资源，基本上全部被用来拉新。活动宣传人员想用外部广告位做宣传，就必须从对方的KPI出发考虑问题，保证宣传活动对对方的KPI有益。

一般来说，外部广告位有四种，分别是feeds广告、banner广告、弹出广告、App开屏广告。这类广告位面对的基本上都是新用户，主要用在与品牌、新进相关的活动中。

不同的外部广告位，其价值等级也不同。一般情况下，某个广告位放置了内容A就不能再放内容B，以免其中一方的KPI受到不良影响。因此，“蹭”广告位有一个前提条件，就是不能影响对方的KPI，在满足这个前提条件下顺带提及自己的活动内容。如果某活动有多个活动目标，在活动开展的过程中，运营人员就要想方设法建立联系。

在这种思维方式的影响下，运营人员可形成这样一种意识：根据情况发展趋势，站在对方的角度思考问题，在最大程度上完成宣传目标。

◆ 平台工具——视情况购买

短信营销与邮件营销是两种常见的营销方式，但这两种方式需要耗费一定的费用。老用户回归是最常见的活动场景，在用户已经不使用该产品，但运营人员又掌握着用户的手机号和邮箱的情况下，运营人员可以付费开展短信营销与邮件营销。

还有一种被运营人员忽略的宣传方式——App的Push推送。放在用户回归的场景下，用户虽然很久没使用某App，但也没有卸载。在这种情况下，运营人员就可以尝试推送，将用户召回。

如果是活动宣传场景且产品足够强大，有很多与产品有关的助手类、赛事类、盒子类、社交类应用，这些应用的用户都可以转化为产品自己的用户。市场营销人员不要只关注新用户与潜在用户，可以投入一定的精力与财力做推送，做好这部分老用户的宣传、运营工作。

◆ 内部管理工具——精细经营

很多公司都缺乏内部管理工具积累，不是某些工具缺失，就是某些工具极其难用，导致运营效率很低。运营工具的开发与迭代应交由平台产品经理负责，但很多公司都没有设置这个岗位，只能将此项工作交由产品运营人员负责，而该项工作又超出了产品运营的范畴。如果产品运营人员掌握了运营工具开发、迭代能力，就能拥有极强的竞争力。

内部管理工具有很多，下面对其中三种——问卷调研、社交媒体、客服工单进行详细论述。

很多线上活动都有问卷存在，问卷调研是其中一种玩法。活动策划人员总能找到一种方式将自己的活动主题与问卷结合在一起，达到应有的宣传效果。

社交媒体应用的关键在于用户经营。企业通过社交媒体带给用户一定的福利，让用户帮企业做宣传。这种交易的关键点在于验收。

客服工单是用户寻求服务的场景，这种场景与现实场景非常相似。比如手机坏了需要维修，客服在维修手机的过程中可以传递信息，这个信息可以起到促进销售作用，也可以起到宣传作用。

信息输出渠道大概就是以上几种，对于活动宣传来说，了解信息输出渠道仅是第一步，关键的一步还是使用渠道。

第9章

复盘期：开启活动运营的进阶之路

复盘对活动策划的价值与意义

大部分活动运营人员往往忙于各类运营活动，虽然部分活动出现了问题，但没有时间与精力对活动进行分析总结，下次再举办类似活动时仍无法取得预期效果，给企业造成营销资源浪费的同时，也打击了其自信心。事实上，在营销竞争愈发激烈而残酷的背景下，复盘对企业的活动策划具有极其重要的价值。

很多国内企业采用结果导向管理模式，不关心过程，仅关注结果，这种情况下，过程中存在的各种问题无法得到有效解决，企业运营管理难以得到持续优化，无法构建出强大的市场竞争力。

就像大型企业中员工经常被要求写“总结报告”一般，人们对总结报告的普遍印象是，当下属工作出现问题时，上司强迫其写总结报告，虽然大部分员工都会在规定时间内提交总结报告，但上司通常仅是将其作为一种形式，根本不会看报告，更不用说给予下属反馈。

所以，下属写总结报告时也不会进行深入反思总结，难以认识到自身存在的问题。“出现问题或错误才写总结报告”已经是很多人的固有认知，电影、电视剧中也经常出现类似场景，但事实绝非如此。

总结分析是对一次事件整个流程进行复盘和推演的过程，和事件本身的对错、好坏并无直接关联，对错误的事件进行总结分析是很有必要的，但即便是正确的事件，我们也需要对其进行总结分析，不足之处加以改善，优势则要进一步巩固。

在对活动进行复盘的过程中，我们可以对整个活动进行重新演绎，从而加深对活动的认识。复盘这一概念最早出自围棋界，是围棋的专业术语，也叫“复局”，它是指对局结束后，对该盘棋的记录进行复演，思考对局中一系列招法的优劣，从而帮助自己提高棋技。

从活动策划到执行会产生大量数据，市场表现、用户反馈等数据尤其值得运营人员深入分析，通过活动复盘，可以让运营人员找到企业的劣势与不足、目标用户需求及竞争对手采用的应对策略等。对活动复盘缺乏足够重视甚至根本不进行活动复盘，会导致企业不断重复错误，浪费大量资源的同时，导致企业面临被竞争对手淘汰出局的风险。

既然复盘对活动具有如此重要的价值与意义，那么，在运营实践中，我们应该怎样进行活动复盘呢？具体而言，对活动进行复盘应该遵循以下流程：

（1）对结果进行数字化呈现，分析活动结果是否达成预期目标。不同活动的预期目标存在一定差异，部分活动是为了提高产品销量，部分活动是为了品牌建设，而且一个活动可能会有多个预期目标，这些目标中又存在主要目标和次要目标。

（2）按照时间顺序，对活动流程进行分解，并充分利用影像资料还原真实场景。

（3）对自身在活动策划及执行过程中的行为及思考进行反思，分析自己为何会做出这种决策，受到了哪些主观及客观因素的影响等，这样才能使自己在活动运营中不断成长，为企业创造更多价值的同时，实现自我价值。

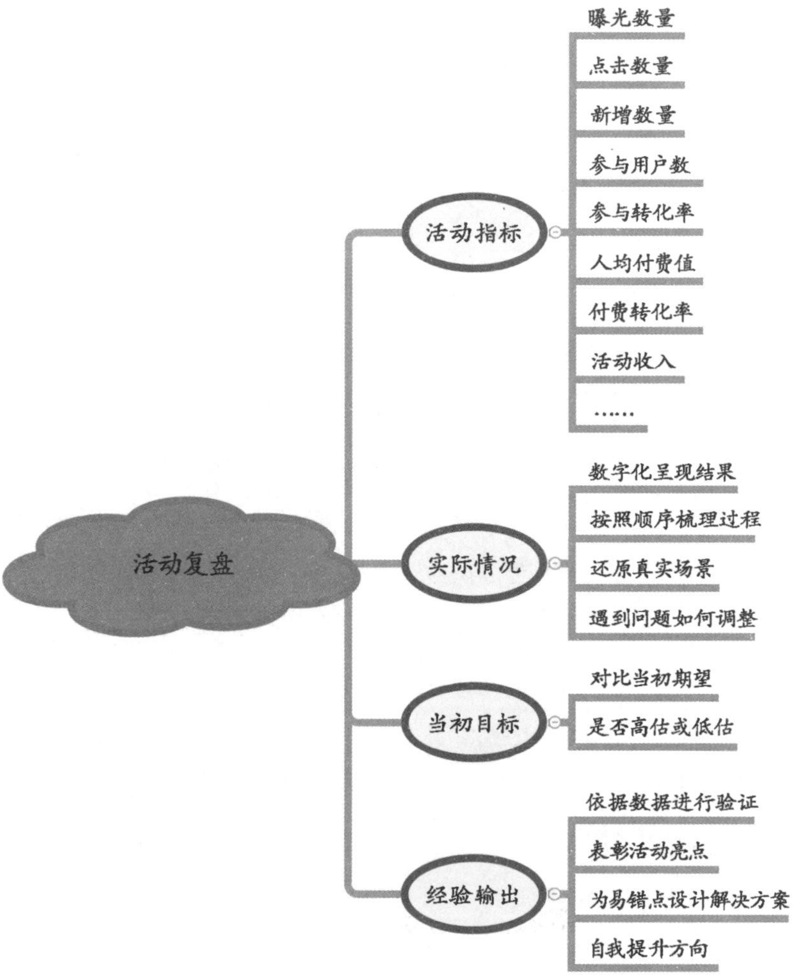

图 9－1　活动复盘

对活动进行复盘的过程中，运营人员可以对活动进行系统梳理、分析，从中总结出活动策划及执行的技巧和经验。复盘对活动运营的价值主要包括以下几点：

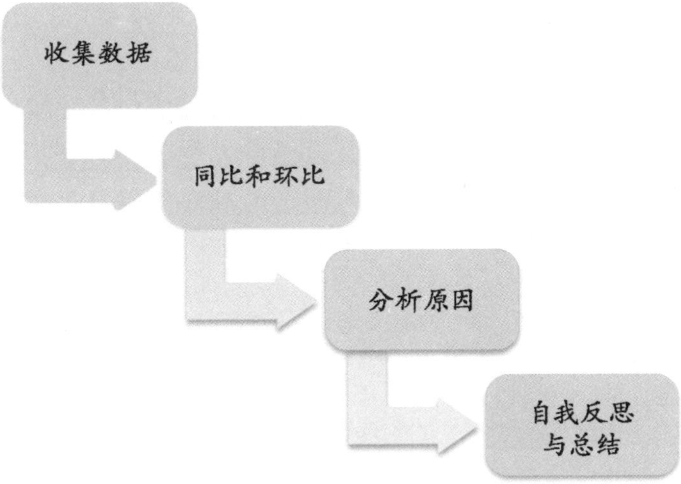

图9－2 复盘对活动运营的价值

◆ 收集数据

数字化时代，数据将成为企业的重要战略资源，活动数据更是如此，运营人员对活动过程中的所有数据都要进行收集、处理及分析。根据活动策划方案设计的预期目标，分析和目标相关的关键数据，比如：新用户数量、付费用户占比、次日留存率、品牌曝光量等。

◆ 同比和环比

将收集到的活动数据和此前的类似活动数据进行同比和环比，对活动效果进行评估。结合活动的数据结果进一步处理，比如活动带来了

4000位新用户，可以分析这些用户增长的时间段分布，不同时间段采用了哪些策略。当然，也可以根据不同执行阶段分析对应的新用户变化数据，了解不同执行阶段对活动效果产生的实际影响。

◆ 分析原因

对于活动创造的价值及不足之处进行分析，找到其原因及未来要进一步改善的地方。可以根据预期目标和实际效果间的差异提出假设，比如：是否高估了某渠道的引流能力？投放时间段选择是否存在问题？推广文案是否缺乏感染力等。

◆ 自我反思与总结

运营人员进行自我反思与总结时，需要分析自己哪些做得不到位，未来应该如何改善，从活动中可以总结出哪些运营技巧等。长此以往，运营人员的能力会逐步提升，遇到各种突发问题时，也能更加从容、灵活应对。

活动复盘的四步法与运营要点

◆ 活动复盘的四个步骤

活动复盘的四个步骤如下图。

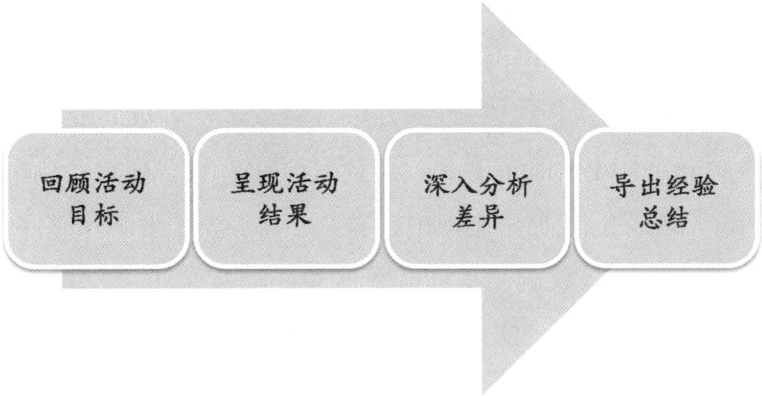

图 9-3　活动复盘的四步法

1. 回顾活动目标

该步骤要求运营人员对活动目标进行回顾。活动目标十分多元化，树立正确的活动目标，能够让活动运营取得事半功倍的效果，否则不但无法为企业创造价值，而且会浪费大量资源。

2. 呈现活动结果

将活动结果以数据形式直观地呈现出来，确保每一个团队成员都能了解活动结果。当然，对这些活动结果也要进一步处理，结合时间段、流程、投放渠道、投放策略等指标进行精细化处理。

3. 深入分析差异

分析活动预期目标和实际效果之间的差异，分析差异时为了更好地找到造成这种差异的问题所在，运营人员往往需要提出各类假设：

活动目标设置是否不合理？

激励策略是否符合目标用户需求？

KOL是否适合企业及品牌?

……

假设完后，还需要通过一定的方法对假设进行验证，而数据验证和调整变量验证是主流的验证方法。以数据验证为例，对激励策略是否符合目标用户需求进行数据验证时，运营人员可以分析激励策略在此次活动中带来的实际转化数据，并将该数据和往期数据进行对比等。当然，运营人员可以利用电话、社交媒体等方式和客户进行交流，了解用户对此次活动的感受。

4. 导出经验总结

在对经验进行总结时，不能简单地被表面现象所迷惑，要深入分析其背后的本质，避免重复错误。比如，运营人员发现此次活动的最大问题在于登录页面经常打不开，从这个问题中又能总结出哪些经验呢?

（1）初级复盘。下次举办类似活动时，首先对登录页面进行测试，出现问题时，找开发人员进行完善，直到没有问题为止。

（2）中级复盘。登录页面将会对活动效果产生直接影响，需要给予高度重视，每次举办活动时，应该特别叮嘱开发及维护人员进行足够的测试。

（3）高级复盘。对开发、维护及测试人员的权责进行明确，将活动登录页面稳定性纳入其业绩考核指标体系。

当然，对于从活动中总结出来的经验也要经过实际验证。总结经验完成后，运营人员还需要思考未来要在哪些方面做出调整，并明确具体的时间、流程及执行对象等。

◆ 有效复盘的运营要点

（1）活动结束时，要尽可能在第一时间召开复盘会议，因为活动参与人员的记忆会随着时间流逝而逐渐模糊，而且相关影像资料可能会在一段时间后删除。复盘会议时间越早，相关数据的客观性、真实性就越高。

（2）复盘会议对事不对人，重点是分析问题，并提高活动运营技巧和经验，而不是批判某个人或部门，鼓励参与人员积极发言，表达自己内心深处的真实想法。

（3）有专门的人负责会议主持及记录。缺乏会议主持很容易导致会议效率低下，各方因为意见不同而争论不休，所以，应该由专业人员负责会议主持，严格按照会议流程召开复盘会议，出现难以解决的争议时，可以将其作为下次会议的议题。会议记录是输出会议成果的关键所在，可以将其制作为会议报告，让与会人员进一步学习。

建立活动复盘的数据指标体系

数据指标体系能够为活动复盘提供有力的支持，那么，活动复盘数据指标体系主要包括哪些指标数据呢？

图9－4 活动复盘的数据指标体系

◆ 页面流量

页面流量反映出了用户打开活动页面的次数及人次，是考核活动预期效果的基本指标。活动页面流量不佳，意味着活动参与人数不足，自然很难取得预期效果。页面流量又可以细分为以下几种：

（1）页面 PV 和 UV。PV（Page View）是指页面访问量，UV（Unique Visitor）是指独立访客。一般来说，页面 PV 越高，活动效果越好，考虑到泛滥的数据造假问题，还必须结合 UV 数据。在具体实践中，可以分析 PV 和 UV 的比值，比值较高时，说明每位用户访问页面次数较高，理想的情况是活动对用户有较高吸引力，但也有可能是页面卡顿、用户难以理解活动规则等问题；当比值较低时，可能存在活动对用户缺乏吸引力问题，可以结合用户在页面停留时间进一步分析。

（2）页面事件 PV 和 UV。页面事件是运营人员为了达成预期目标而设计的各种用户交互活动，比如点击搜索查询相关信息、扫描二维码关注公众号、点击注册成为会员等，所以，了解这些页面事件的 PV 和 UV 也是很有必要的。

（3）流量来源。流量来源可以被细分为站内流量及站外流量两种，站内流量代表了企业的一系列自有资源及渠道，以 App 为例，用户打开 App 后，看到的开屏广告、弹窗广告、首页推荐等都可以为活动提供站内流量。站外流量包括企业在第三方媒体中通过发布活动相关内容带来的付费推广流量，比如百度竞价推广、今日头条信息流广告、朋友圈广告等。分析流量来源的目的，是为了更好地了解各渠道的引流效果，从而分析出更加适合此类活动的渠道，帮助企业有效降低推广成本。

◆ 参与人数

参与是指用户在活动页面中完成了特定行为，和页面进行了一定程度的交互，所以，参与人数也是活动复盘的一项重要数据指标。下面介绍几种常见的用户参与方式，并对其数据指标进行分析：

（1）报名。对有参与意愿的人进行统计，数据指标包括报名人数及报名率。

（2）问卷调研。对用户满意度、产品体验等进行调研，数据指标包括提交答卷人数及提交率。

（3）投票。让用户为感兴趣或支持的人或物进行投票，可以让企业了解用户需求的同时，提高用户参与感、体验感，数据指标包括投票人数及投票率。

（4）分享。分享是对活动进行传播扩散的有效方式，它能够借助用户的力量，实现低成本地大范围传播。所以，运营人员在活动中增加分享环节，充分利用用户社交圈增强活动效果也是很有必要的，分享数据指标包括分享量和分享率。目前市场中较为流行的拼团、好友帮忙砍价、收集卡片兑换奖励等，都是为了增强用户分享。

分享率较高，通常意味着活动较为成功，部分情况下是因为活动奖励较为诱人。不同活动计算分享率的方式存在一定差异，有些活动的分享率 = 分享量/参与用户量，有些活动的分享率则 = 点击量/曝光量。

（5）下单。将达成交易作为活动目的十分普遍，“6.18”“双 11”“双 12”等电商购物节中，商家投入大量资源举办的活动就是为了让用户下单购买，数据指标包括下单 UV 及下单转化率，对于那些使用补贴的活动，还需要分析其用券率、补贴率等。

（6）预约。除了周期较长的活动外，那些限时限量的活动，也需要采用预约机制。在预约环节，可以为活动造势，并在活动到来时，通过提醒用户，使活动流量在短时间内迎来爆发式增长。数据指标包括预约人数及预约率。

（7）其他用户参与形式。用户参与形式并非仅是上述几种，H5 小游戏、上传个人作品等都可以作为活动中的用户参与形式，具体需要结合不同活动的实际需要做出灵活选择。

◆ 奖品

（1）与合作伙伴共同协作。供应链上下游企业共同举办活动，甚至是不同行业的企业跨界合作，已经成为一种主流趋势，和合作伙伴合作举办活动可以降低企业成本，实现合作双方用户的相互转化。比如，饿了么在节日期间和多家商户合作，推出“霸王餐”等。奖品的数据指标包括合作伙伴数量、奖品来源及成本等。

（2）领取。收集并分析奖品相关数据，比如共向用户发放了多件奖品，哪些用户领取了奖品，用户对奖品的反馈等。当活动是概率获奖时，运营人员应该对奖品相关数据进行实时收集与分析，结合用户领取情况持续优化调整，争取让更多的用户能够获得奖品，给用户带来良好的体验。

（3）使用。代金券、购买码的使用情况，数据指标主要是奖品的使用数量及使用率。

（4）库存。活动结束后，统计奖品的库存数据，思考如何在下次活动中使用这些奖品或者是直接将其赠送给那些在活动中帮助企业进行口碑传播的忠实用户。数据指标主要是奖品的库存剩余量及消耗率。

◆ 目标完成度

（1）大盘涨幅。包括流量和订单两类，以流量为例，要分析和去年同期相比，数据发生了怎样的变化，和今年的月、周平均值相比，又发生了怎样的变化等。同时，要分析流量在活动期间的峰值、流量转化率等数据指标。

（2）交易流水。它是指活动带来的总成交额，是活动运营人员尤其需要关注的重点问题。

（3）蓄水回流。该数据指标主要是指预热阶段为活动带来流量，比如在预热期间为用户发放大量代金券，到活动正式开始时，流量和订单在短时间内迎来爆发式增长等。

（4）传播覆盖量。传播覆盖量是指活动推广资源能够覆盖到的用户数量，它将会直接影响活动效果。很多企业举办活动时，传播环节投入的成本要远超过其他环节的成本。地铁等部分渠道的传播覆盖量计算难度较高，较为可行的方案是结合地铁人流量进行估算。

基于复盘推演的活动策划思路

对于活动策划人员来说，策划一个活动创意并非难事，难点在于如何对各活动细节进行全盘考虑，明确运营活动的思路与流程，避免重复工作。对于运营活动来说，倒推是一个非常重要的思路方法，下面我们就按照倒推思路，从活动复盘出发对活动策划方法进行探讨。

◆ 活动简介

这部分内容主要是回顾整个活动开展的背景，查看活动是否按照活动策划进行。另外，将活动背景以文字的形式呈现出来也便于保存备案，能为更多人共享。具体来看，活动简介包括五大内容，分别是活动名称、活动时间、活动目的、活动规则和宣传渠道。

（1）活动名称。活动名称要做到有种、有趣、有料。其中“有种”指的是用户一看标题就能大概了解活动内容；“有趣”指的是活动标题能

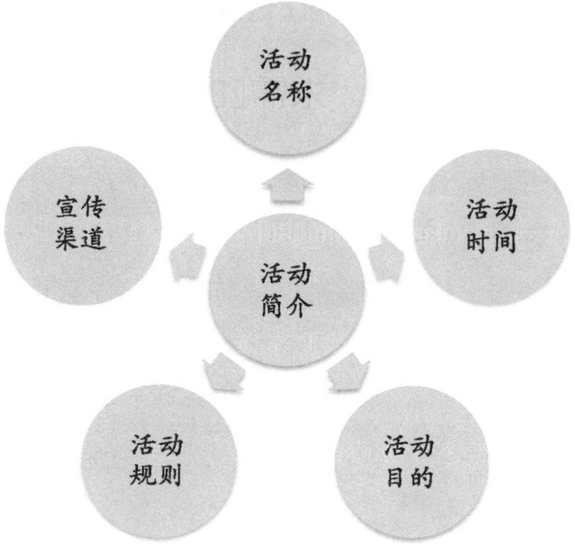

图 9－5　活动简介的五项内容

激发用户兴趣，吸引用户参与；“有料”指的是活动标题要突出与用户利益相关的内容。总体来说，活动名称要做到重点突出、简单明了。

（2）活动时间。活动时间要根据活动目的来确定，一般来说，短期活动时间一般为 5～7 天，时间过长或者过短都不利于活动传播。

（3）活动目的。一项活动的目的不能太多，活动目的要尽量具体、简单。活动目的越简单，传达的信息越有针对性，就越容易被用户接受。比如，活动目的是“拉新”，就可以具体为“新增注册用户”或“新增交易”；活动目的是“提升用户 AEPU 值”，就可以具体为“将用户购买金额从 2000～3000 元提升至 5000 元”。

（4）活动规则。活动规则要简洁明了。为了做到这一点，活动策划人员可以将活动规则口述给对方听，如果对方能听懂，就说明活动规则确实做到了简单明了。

（5）宣传渠道。在很多情况下，活动没能达到预期效果不是因为活动策划得不好，而是因为没有找到好的宣传渠道，没有做好活动宣传。因此活动策划人员在做活动总结时可以将各个宣传渠道明列出来，包括图片设计、文案设计、渠道用户分类等，以便在第三部分将宣传渠道数据罗列出来，对各渠道的投放效果进行横向对比分析。

◆ 活动成本与预期效果

活动成本可以通过两种方式进行预估，一是单人成本，也就是平均分摊到每个用户身上的成本；二是总量控制，也就是每个活动的总预算。企业活动总成本包括人力成本、宣传成本、奖励成本，其中人力成本包括活动策划、活动设计、活动开发耗费的时长，宣传成本包括各个渠道成本。

活动预期效果的设定要具体，不要使用增加曝光率、提升知名度等空洞之语，活动预期效果要能用客观数据衡量。比如，活动目的是拉新，就可将活动预期效果考核目标设定为“安装激活量”。为了制定合理的活动目标，活动策划人员可采取以下两大措施：

（1）以同类或过去的活动数据为参考，有选择地将其放大。

（2）与当月运营目标相结合对活动目标进行分解，明确活动需要承担的指标大小，而活动开展的最低要求就是产能要覆盖成本。

举个例子，如果某项活动预计耗费 1 万元的人力成本和奖励成本，按照正常推广渠道计算，1 个安装激活用户需要耗费 10 元，1 万元就能带来 1000 个安装激活用户，所以该活动效果就应该设定为带来至少 1000 名安装激活用户。

◆ 活动效果评估

活动效果评估要与活动预期效果相结合，如果活动数据能达到预期的活动目标，活动效果可以覆盖活动成本，该活动就能判定为成功。除数据这一硬性指标之外，活动策划人员还可以从用户口碑、团队合作效果、活动流程、页面视觉效果、付出成本与产出比等维度对活动效果进行评估、衡量。

如果活动没有达到预期效果，活动策划人员就要对活动进行反思。

◆ 活动亮点

活动亮点指的就是活动策划中出彩的部分，比如新颖的活动形式、优秀的文案、有效的分享机制等。活动策划人员可以根据活动效果及用户反馈将活动亮点记录下来，直接复制到其他的活动中去。

除此之外，活动开展过程中优秀的团队协作也是活动亮点，比如短时间完成的页面设计、良好的动态效果、高适配度的前端开发、预留出来的充足的上线时间等，这些都可以记录下来。

基于复盘推演的活动运营技巧

在活动复盘中，活动反思是重点，这部分内容可用三句话概括，一发现问题，二找出原因，三提出解决方案。

如果活动效果没有达成，活动策划人员可先对活动目标进行分解。比如活动目标是交易用户数，活动策划人员可对获取交易用户数的路径进行倒推：浏览商品页面——加购物车——生成订单——支付订单——完成交易。根据这一流程，活动策划人员可获悉每个关键路径的转化率，通过数据发现其中潜在的问题。数据是否健康可以类似产品的购买转化率为参照进行分析。

如果页面浏览量过低，活动策划人员就可以通过倒推对活动文案、活动设计、宣传渠道进行分析，比如文案是否具有吸引力，活动设计是否重点突出，宣传渠道是否合理等。另外，活动策划人员还可以采取横向比较的方式对来自各宣传渠道的客户进行细分，观察其在转化率上的表现，找到高质量的用户。

如果产品本身维度较多，活动策划人员还可对各维度数据进行对比分析。比如，某活动同时有六支基金参与，活动策划人员就可以列出表格，对基金收益率、页面位置、起购金额、购买人数、button 点击次数等要素之间的关系进行对比分析。总而言之，运营人员一定要善于利用数据。

另外，活动策划人员还可以考虑对活动进行优化，比如优化活动的视觉效果，考虑活动的美观度，与手机屏幕的适配度，甚至还可以做个 A/B test 对页面布局对活动的影响进行评价。比如一个抽奖活动能带来大量流量，要想将这些流量转化成销售，活动策划人员就要对页面布局进行认真思考，与用户的数据起点相关联，让用户在抽奖的过程中注意到商品信息，从而促进商品销售，成功将流量转化为销售。

活动策划人员还可以对活动流程、活动界面进行反思。活动流程与活动界面要尽量简洁，用户无需阅读、思考，只要简单的操作就能完成其中的核心环节，之后再决定是否继续参与活动或分享活动。

在策划活动时，活动策划人员经常犯的一个错误就是贪大贪全，总想把所有重要的信息和功能入口添加到活动主页上，让活动页面变得异常复杂，失去对用户的吸引力。因为用户的注意力有焦点，WAP 页面的空间也有限，只适合突出一个信息。如果活动策划人员想在其中添加 2 ~ 3 个信息，就很有可能对用户产生误导。为了避免这种情况发生，活动策划人员必须学会取舍，挑选出最重要的信息放入活动页面。

另外，活动策划人员要考虑活动体验是否与用户习惯相符。比如某企业推出了一个录制语音的活动，语音录制只需轻点按钮，并为其附上文字提示。但在测试时活动策划人员发现几乎所有的用户都会习惯性地长按按钮，为了迎合用户的这种习惯，活动策划团队修改了语音录制规则。这个案例说明当产品使用规则与主流产品使用习惯发生冲突时，在产品功能不受影响的情况下，必须充分尊重用户的使用习惯。

除了这些用户可以感知到的内容，活动策划人员还可对活动执行过程中出现的问题、策划团队成员之间的配合情况进行评估。

这里提出的每个问题几乎都与之前工作量的推倒重来有关，因此在活动策划环节，在确定了活动的初步方案之后，活动负责人就要组织相关人员召开评估会议，明确活动目的，对工作量与产出之间的比例关系进行有效评估。

活动策划、活动总结与商业运营一样都是越细致越好。因此，活动策划人员在写活动总结时可以先放空，假设再做一遍活动策划，各个流程要如何设计、优化，每个问题要采取何种策略予以解决。

另外，每个活动在开展的过程中都会出现一些突发状况，在活动总结时，活动策划人员总会发出“如果当时采取了何种措施，这种事情就不会发生”之类的感慨。这种情绪虽是由衷而发却毫无价值。活动策划人员必须理智地看待活动过程中出现的问题，出现问题是常态，活动策划人员的工作不是事后感慨、自责，而是集中精力商讨问题解决方案，解决问题。

活动策划人员要认真做好活动总结，总结得越细致越好。活动策划人员要明白一点，活动总结的目的不是创造现象级活动，而是避免重蹈覆辙。只要做到这一点就是在不断进步，只要坚持终能找到活动策划的技巧，策划一场成功的活动。

活动复盘运营操作的注意事项

◆ 负责人领头，形成固定的标准及流程

运营团队负责人要在活动复盘中充分认识到自身的主体责任，使复盘成为活动结束后的一个必要工作，鼓励团队成员积极参与。比如，可以要求每个团队成员准备两页 PPT，一页对活动亮点及缺点进行总结，另一页自由发挥，并安排专业人员主持会议、记录会议要点，长此以往，在团队内部形成固定的标准及流程。

◆ 追求坦诚、精确，形成文档输出

运营人员需要了解的是，活动已经结束，结果已经无法改变，复盘是为了还原过程，反思错误，总结经验，以便下次活动有所提高。因此，复盘时参与人员要彼此坦诚，追求客观真实，而不是对某位或多位团队成员进行批评，最终要输出活动复盘文档，以便后续有需要时，运营人员可以翻阅文档，进一步提高活动效果。

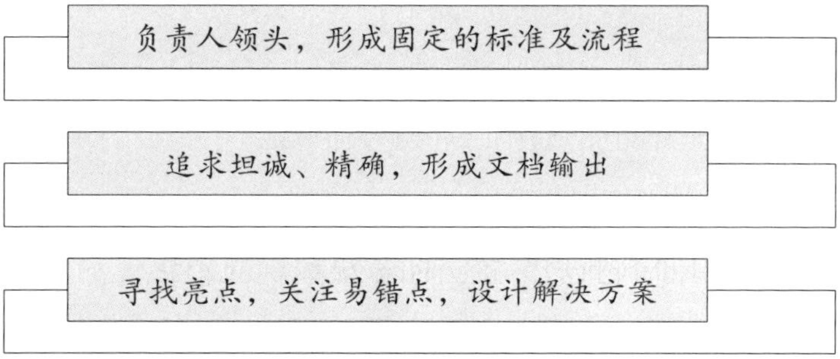

图 9－6　活动复盘运营操作的注意事项

◆ 寻找亮点，关注易错点，设计解决方案

寻找亮点，有助于积累成功经验，进而总结出一套方法论，同时，对活动中的易错点也要保持高度关注，但不能仅关注易错点，还应该设计配套解决方案。

设计配套解决方案不能简单地流于形式，比如，对粗心大意问题，下次认真仔细；对沟通不畅问题，下次加强沟通。粗心大意是一种个体行为，要求个体下次认真仔细很难解决问题，因为很多时候人会按照思维定势决策并做出某种行为，想要解决个体的粗心大意问题，需要团队的力量，比如，将易错点罗列出来，让团队成员彼此监督，虽然这会造成活动成本增加，但它能保障活动效果，为企业创造较高价值。

沟通不畅问题则是一种双方行为，沟通双方都有责任，因为性格、成长环境、受教育程度等影响因素，部分团队成员的沟通能力较低，但通过后期对听说读写的训练可以逐步提高。每一个团队成员都不希望活动出现问题，但问题是很难完全避免的，为了更好地还原活动过程，避免团队成员因为担心承担责任而刻意隐瞒，团队负责人应该确保复盘对事不对人，同时，复盘完成后，对于复盘达成的决策，必须明确执行流程及执行人员，确保决策能够真正落地。

阿里抢月饼活动的复盘与反思

活动是基于企业运营需求或某种突发状况而开展的有着明确目的导向的策划事件。活动目的多是获取新用户、增加品牌曝光、提高用户活跃度、老用户回馈等，一般会通过有诱惑力的奖品或福利设置激发用户

的参与热情，并调动、整合各种内外部资源进行活动推广。

一个成功的活动首先应明确两点：为什么要做活动和如何去做。前者是确定活动目标，如是为了获取更多新客户或为了提高现有用户活跃度；后者涉及整个活动开展运营的流程和方法。

从实施场景划分，活动分为线上与线下两种。线上活动是通过互联网渠道开展的活动，在线上平台进行活动的发布、执行和结果反馈，若有奖品设置再加上线下领奖环节；线下活动运营则是线上发布和推广、线下执行和线上反馈。下面我们以2016年阿里巴巴的“月饼事件”为例对如何成功开展线上活动进行分析。

2016年中秋节期间，阿里巴巴针对内部员工推出“抢月饼”活动，而四名工程师因利用程序漏洞“抢月饼”被公司开除，一时引起各方广泛热议。下面我们暂且搁置对阿里做法的价值评判，通过公开的信息对阿里开展的“抢月饼”活动进行复盘，从而具体分析该活动运营中的不足之处，以及应如何策划一场成功的线上活动。

◆ 制作活动方案

合理的活动方案是线上活动成功的第一步，主要包括以下内容：

（1）活动主题：阿里月饼成本价特卖抢购

（2）活动对象：阿里内部员工

（3）活动时间：2016年9月12日下午

（4）活动描述：中秋节发月饼是阿里巴巴员工享有的一项福利，由于今年的月饼造型精美可爱，很多员工都表达了希望能够多买几盒赠送给亲戚朋友的意愿。为了满足大家的这一诉求，公司决定在9月12日下午将所剩不多的月饼通过内网以成本价进行销售，欢迎有需要的同事参与抢购。

（5）参与方式：登录公司内网，进入内部预定页面，在 14 点和 16 点将分别进行一次秒杀抢购，付款成功的员工即为抢到月饼。

（6）推广渠道：公司行政通知。

（7）成本预估：为数不多的余量月饼，策划人员应提前向相关领导确认本次活动中月饼礼盒的投放数量。

（8）预期效果：余量月饼全部销售完毕。

◆ 制作活动承载页面

确定活动方案后，接下来运营人员要去找技术部门的同事进行活动承载页面的设计开发。对此，运营人员应准备好一份需求文档，将活动流程和页面需求等内容清晰明确地罗列出来，如怎样设计、如何实现、什么时候上线等关键问题；之后还要与技术研发人员保持实时交流沟通，确保活动承载页面能够准时制作完成，并在测试无误后正式上线。

需求文档的内容包括：

（1）活动说明：为满足员工希望购买更多月饼赠送亲朋的需求，公司决定将余量不多的月饼通过内网以成本价向员工销售，需要技术部门帮助研发设计一个内部预定页面。

（2）活动流程：进入公司内网，打开预定页面，在 14 点和 16 点两个整点进行抢购，付款成功则表明抢到月饼。

（3）设计需求：抢购页面整体风格、月饼礼盒展示、简单明了的活动规则和 FAQ（包括常见问题解答、支付说明等）。

（4）开发需求：只允许通过公司内网进入抢购页面；14 点和 16 点两个整点分别进行一次抢购，前端实时显示月饼余量，直到抢完为止；只支持支付宝在线支付。

（5）上线时间：最晚在 2016 年 9 月 12 日 12 时前活动承载页面应正

式上线。

◆ 协调推广渠道推广宣传

活动推广宣传渠道方面，由于面对的是公司内部员工，因此主要采用行政部门下发活动通知的方式。活动宣传推广不必非要等到承载页面开发设计完成后再进行，可以同时甚至更早就开始推广。运营人员应向推广人员明确此次抢购活动的内容和上线时间，并有效协同多种推广渠道向员工传递相关信息。活动宣传推广时需要明确以下内容：

（1）投放时间：2016 年 9 月 11 日（在活动正式开始前一天或几天都可）。

（2）投放方式：行政部门下发活动通知，内部邮件通知。

（3）受众范围：投放渠道覆盖到的公司成员（收到活动通知）。

◆ 活动正式开始

抢购活动正式开始后，运营人员的主要工作是实时监控活动数据，如用户参与情况数据、月饼余量数据等，以准确把握活动开展状况，并基于数据分析对活动进行优化微调，推动活动达到完美效果。

◆ 活动结束，做一份活动效果报告

活动结束后，运营人员需要做一份活动效果报告，对整个活动进行归总说明，并分析活动运营过程中的不足之处。

1. 活动概述

本次活动是面向阿里内部员工的月饼成本价特卖抢购，于 2016 年 9 月 12 日 14 点和 16 点分别进行一次秒杀抢购，员工可通过公司内网进入

预定页面参与抢购。

2. 活动效果统计

活动开始45分钟即完成了余量月饼1500盒的销售。此次活动中，安全部四名工程师因使用编写的 JavaScript 脚本多抢了124盒月饼而被解雇。

3. 宣传效果统计

主要是通过各投放渠道的大数据分析，获取不同渠道的流量和转化率数据。

4. 经验总结

这是活动效果报告的重点，主要是对整个活动运营过程进行总结反思：存在哪些问题、原因是什么、学到了什么经验教训、对以后的活动策划运营的帮助等。

在此次月饼成本价特卖抢购活动中，阿里开除了四名工程师和一名HR，并由此引发了社会各方的广泛讨论。暂且不论这一做法是否合理，仅从活动运营的角度来看，此次线上活动在运营中至少存在以下三个问题：

（1）活动规则遗漏。

如果活动规则比较简单，可以直接在参与方式中说明；如果较为复杂，则需要单独罗列出来让活动参与者充分了解。在此次阿里月饼特价抢购活动中，运营人员并没有在活动规则和开发需求中明确说明每个员工或每个工号 ID 最多可以购买几盒月饼，因此技术部门在开发设计预定页面时没有做出购买量的限制，从而导致四名工程师可以通过编写 JavaScript 脚本持续抢购大量月饼。

（2）开发需求描述不清。

运营人员没能准确全面地向技术部门描述开发需求，导致设计的抢购流程并不完善。比如，若员工下单后自动跳转到支付页面，那么即便在页面开发时没有考虑到限购数量这一问题，在众多员工积极参与抢购的情况下，四名工程师支付完成后再次抢购到月饼的机会也很小，更不用说四个人多抢了124盒月饼。

（3）缺少活动风险控制。

运营人员在进行活动策划时，还应充分考虑到各种可能的突发状况，并制定相应的解决方案，以便可以从容有效应对活动实施中的问题，保证活动圆满完成。就阿里月饼特价抢购活动而言，除了做好活动正常进行的策划，还要针对一些可能的风险做好应急预案，如活动参与人数不多的话是否要进行二次推广通知，活动过于火爆很多员工没有抢到的话是否要追加月饼礼盒的投放数量等。

活动风险应急预案可以用文字或流程图的形式做出来，并尽可能考虑到各种可能出现的问题。风险预案越充分全面，活动越能够顺利开展。

从各种公开的信息来看，此次阿里月饼抢购活动并没有相应的应急预案，且在活动实施过程中也没有进行有效的风险监控：对四名工程师大量抢购的异常现象没能做出及时有效的应对，最终出现四人多抢了一百多盒月饼的问题。

风险控制是线上活动成功的重要保障。运营人员在做活动方案时不仅要明确活动相关信息，还要充分考虑到活动中每一个环节可能出现的问题并制定有效的应急预案；在活动正式实施过程中要保持对活动数据的实时监控，及时发现异常情况并做出合理应对，保证活动顺利进行。

PART 3
运营技巧篇

- 交互设计：打造参与式的活动体验
- 把握节奏：有效覆盖目标用户群
- 控制成本：创造活动价值最大化
- 内容型产品活动策划与运营技巧

第10章

交互设计：打造参与式的活动体验

明确活动目的，设计有的放矢

本质上，设计是一种将设想、假设、规划、执行以各种感觉形式进行呈现的活动过程。人类最基础也是最重要的创造活动是造物，而设计可以理解为人类组织开展造物活动前的规划，所有造物活动的计划技术和计划过程都属于设计范畴。具体到线上活动设计方面，设计线上活动时，运营人员需要设计出活动整体流程，制定活动方案及规划，并按照一定策略执行活动。

活动交互设计强调将活动视作某种事件，从过程角度上设计活动内容，强调用户参与，而非结果导向，其中，流程、故事等是活动交互设计过程中常用的设计表现手段。创新活动表现形式是提高活动吸引力的重要途径，对提高活动效果有十分积极的影响。

运营人员需要通过活动交互设计帮助活动方（包括企业、政府部门、各类机构等）低成本、清晰明确地呈现活动内容，完成提高产品销量、推广品牌等各类活动目标。比如，采用图文、音频、视频甚至直播等形式的内容，以目标受众可以轻易理解的自然语言对活动主题进行展示，甚至打造人们在日常生活中的现实场景，将产品或服务融入其中，运用AI、AR/VR等技术增强画面沉浸感、体验感，快速打动消费者。

现阶段，互联网中的搜索引擎、社交媒体、视频网站、App、直播平台等都能帮助企业进行产品推广。交互设计能够使线上活动更为简单、易参与，为活动方和目标受众的交流沟通搭建便捷通道，从而为活动吸引更多参与用户，达成活动推广目标。

活动交互设计必须坚持“以用户为中心”，在活动策划、实施、复盘等环节都要结合用户需求，尊重用户，赋予用户选择权。活动交互界面设计尤为关键，它是活动中活动方和用户交互的重要媒介，优秀的活动交互界面操作简单、十分人性化，可以给用户带来良好的体验，激发更多的冲动消费及口碑传播。

在某些方面，活动交互设计与产品交互设计非常类似，比如面对的用户都比较懒散等。但二者也有不同之处，比如产品交互设计需要频繁地更新，活动交互设计的周期较短，上线之后没有修改时间，如果出现问题只能下次活动尽量避免。

活动交互设计与产品交互设计在使用场景方面还有一些区别，用户打开App总会或多或少地带有一些目的，产品交互设计就是要让用户的这些目的得到满足；而用户参与活动是一种偶然性的行为，偶然发现活动入口，秉持尝试的心态参与活动，这种偶然性、侵入性的行为使用户原有的操作流程被打断。自进入互联网时代以来，用户的注意力越来越分散，为了增强自己的存在感，所有的品牌都会时不时地推出一个活动，以防被用户忘记。为了借势传播，所有的传统节日、西方节日、时事热点、娱乐新闻都被企业拿来开展促销活动，不仅如此，有些企业为了开展活动还创造了一些节日，活动形式更是多种多样。让营销活动与产品实现无缝衔接，借活动激发用户购物的积极性，提升活动的留存率，鼓励用户开展二次传播……活动不同，其侧重点也不同。

要做好活动交互设计，交互设计师就要明确活动目的，对真正的产品需求进行分析，对需求的使用场景进行还原，理解需求，重构需求。但在实际设计的过程中，又经常因为某功能急需上线，产品经理罗列的功能点过多、要求过多，使得设计人员懒于思考、创新，完全按要求进行设计。从表面上来看，采用这种方法设计出来的活动没什么问题。但如果继续采用这种方法设计活动，所面对的情况就会大不一样。比如，活动设计师可能会接收到这样的活动设计要求：××节日临近，大家都在做活动，我们也需要做一个活动，以免落后。在这种情况下，设计师要设计出令客户满意的活动，首先要明确活动目的，否则就会出现如下情况：为了能更好地衡量活动效果需要设计衡量指标，为此，公司的运营、产品及设计部门聚在一起开会讨论，在讨论的过程中会随机得出一些结论，比如将“拉新数”“活动页 PV、UV”作为衡量指标，将“客户端新下载量”作为衡量指标，为了做好客户端引流，甚至还会临时增添一个下载按钮等。

如此一来，最终，初始设计稿被改得面目全非，设计稿上的信息量大且杂乱，使用户难以抓住重点。最重要的是，衡量指标最终也没有确定下来，使得团队士气深受打击。

而这种问题出现的原因就在于，设计团队没有一个核心指标，想做所有的事情，单纯地认为一个活动能使所有的问题都得到解决，事实却并非如此。所以，设计师在接到活动设计要求时，首先要明确活动目的，在设计的过程中将主要信息、次要信息区分开来，谨防所有的信息堆积在一起，减少用户思考空间，对各个指标的实现抱以轻松的态度，不要强求。

引流设计：用户参与路径规划

用户参与活动的路径主要有三条，分别是单一路径、多条分支路径并存、跳出专题页参与活动。具体分析如下：

◆ 单一路径

这个活动参与路径的形式与交互都比较简单，适合那些小而美、易传播的活动。在选择了这条路径之后，设计人员要设计简单便捷的操作，做好玩法、场景、视觉等方面的处理工作以充分吸引用户。同时，设计人员还要有效地控制任务流程，将中途跳出率控制到最小。

◆ 多条分支路径并存

如果某活动同时存在多条参与路径，设计者就必须根据活动目的明确不同模块间的关系（同时并重还是主次分明），并根据不同模块间的关系设计不同的展示方式。比如，如果要帮某商家设计一场打折活动，活动内容是：新用户下载可得话费，老用户购买产品享半价优惠，以达到吸收新用户、促进老用户消费的目的。据此，设计师可判断出这两个模块间是并重关系。

针对不同的推广场景，如果用户通过客户端之外的渠道进入活动页面，就要将下载送话费的入口放在上面；如果用户通过客户端以内的渠道进入活动页面，就要将购买产品享半价优惠的入口放在上面。如果某活动的参与方式超过三种，就可以打造一个入口展示页面，将所有的活动参与方式制成一个活动地图，为用户提供明确的指引。

◆ 跳出专题页参与活动

这种活动参与渠道的设计最繁琐，活动页只发挥宣传作用，用户要参与活动还需进入客户端或者其他页面。在这种情况下，宣传页必须清楚明白地描述活动，并做好引流。另外还有一类抽奖活动，用户需要先跳出活动页完成任务获得抽奖资格，之后再返回活动页抽奖。在这个过程中，用户很有可能忘记整个活动，用户跳出活动页之后要重新寻找活动入口，整个过程异常繁琐。

对于这类活动，在条件允许的情况下，设计师最好引领用户走完全程，不要让用户手动切换；如果条件不允许，设计师就要对整个操作流程进行反复打磨，在关键节点将用户带回活动页，省去用户的寻找时间，为用户提供方便。

传播路径：活动推广方式设计

活动要呈现在用户面前必须借助多样化的推广方式。在互联网环境中生存多年，用户已经能对各种各样的互联网广告免疫，会自动忽视各种弹窗广告、横幅图片广告、浮层广告，甚至还会对频频出现的广告产生厌烦情绪。所以，要想让推广活动更加优雅，设计师就要合理地设计活动推广方式，让活动以有趣、吸引人的形式展现出来，以提升活动的转化率。

具体来讲，活动推广方式有很多，文字链、软文、banner、弹窗、浮层、页面小 widget、直邮、信息流广告、客户端内嵌、主站全页面、开机动画推广等都可以用来做活动推广。下面就其中几种推广方式分别进行分析。

◆ 页面小 widget

从网站的角度来看，这种推广方式没有太大的侵入性，不会对用户的操作流程产生太大的影响，主要通过独树一帜的视觉效果吸引用户，为吸引用户注意可加入一些动画。

◆ 信息流广告

这种广告推广方式在社交应用中最为常见，其主要做法是将广告插入到用户阅读的信息流中。这种信息流广告会对用户的阅读行为产生一定的干扰，为了减少干扰，以 twitter 为代表的社交媒体正在尝试使用精准算法来推荐广告。

◆ 主站全页面展示，开机动画推广

为了获取主动权，小米等 PC 网站进行了改革，以全屏覆盖的方式为初次进入 PC 官网的用户展示信息，只在推广页面上留下了一个很小的入口以供用户进入官网之用。这种推广方式使用户的心理预期被打破，超过计划范畴。为了防止引发用户反感，企业必须对活动进行规划，增强页面的视觉吸引力。

◆ 客户端内嵌

借助该方法，企业能与用户进行更好的沟通、互动，但这种方法的开发成本非常高，必须与客户端配合。淘宝网在其 App 内推广“双 11”“双 12”活动就是典型案例。

视觉线索：抓住用户视觉焦点

研究证明，人眼的视觉中心范围相对较小，视网膜中央凹是人眼中唯一具备分辨能力的部分，由于其面积较小，人们观察事物时，一次仅有一个视觉焦点，页面设计领域经常使用的页面视觉动线就是视觉焦点移动产生的视觉浏览路线。在线上活动页面设计方面，设计人员需要通过科学合理的页面布局及元素搭配，延长用户在活动页面中的浏览路径，获得用户更多的时间和注意力，从而让用户全面了解活动内容并积极参与活动。

在设计活动之前，很多设计师对"别让用户思考"这一原则仅停留在认识层面，经过几次活动，设计师就对这一原则有了更深入的认识，就会发现用户在参与活动、浏览页面时的态度异常散漫。为此，设计师在设计活动时要为用户提供明确的视觉线索，让用户无需思考就能走完全程。

◆ 符合用户认知，换位思考来进行反省设计

在参与活动的过程中，用户所有行为都是凭第一直觉做出来的，看到能点击的图标就会尝试点击，经常无视活动页面各种规则描述，只有在遇到问题时才会主动思考。以寻找龙珠的活动为例，该活动的详情页就被很多用户无视，但这个名称却早已为人熟知。

◆ 理解用户的视觉焦点

人一旦有了目标，其视野就会变得异常狭窄，有的时候甚至能达到1度或者正常视野的1%。因此，设计师要理解用户的视觉焦点。仍以寻找

龙珠的活动为例，用户进入活动详情页之后，遵循对活动的固定认知，有的活动就会直接前往漫画正文寻找龙珠，结果没有找到；有些没有固定认知的用户就会停留在详情页面不知所措。在这种情况下，设计师只要加入一个简单的龙珠掉落动画，就能对用户的视觉焦点产生引导，就能使用户参与活动的情况得以有效改善。

◆ 善用反馈，差异处理

设计师要善于利用用户的反馈，采用不同的方式对不同类型的反馈进行处理，使其在视觉风格上产生差异。以某国庆购书抽奖活动为例，用户点击“我要抽奖”图标，如果用户不具备抽奖资格，就会收到无抽奖资格的弹窗提示，如果用户获奖就会收到得奖后的弹窗提示。

用户标签：提升活动的转化率

在运营范畴内，标签是被用来对目标群体进行细分的有效工具，而标签的精细程度往往能够对运营效果产生十分关键的影响。

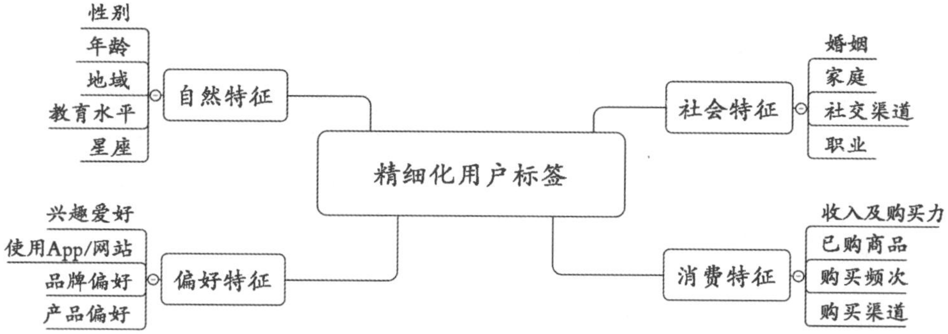

图 10－1　精细化用户标签

为用户群体贴上标签后，运营人员会对用户群体有一个整体的认识。比如，这名用户喜欢购买零食，那名用户喜欢购买服装等。在用户需求愈发个性化的背景下，要想让运营活动取得预期效果，最为关键的就是充分了解用户，掌握他们的真正需求，而为他们贴标签就是一种相当有效的方式。

◆ 用户标签是什么

给用户贴标签通常要经历以下三个步骤：

★将典型用户从大众群体中进行分离。

★对搜集到的典型用户的数据信息进行分析。

★以概括性较强的通俗词汇将分析结果制作成标签。

需要注意的是，用户标签有静态标签与动态标签之分：

图 10－2　用户标签的两个类型

1. 静态标签

静态标签主要涉及用户的人群属性，比如年龄、性别、收入、地域、受教育程度等，它能够反映出不同用户的购买力、消费频率等。

2. 动态标签

动态标签主要代表了那些由于不断变化的用户信息而形成的特性，

比如行为属性与购买属性等。以用户登录视频网站为例，昨天观看了什么视频，今天又观看了什么视频，一天打开视频网站几次等，这些都属于行为信息。从行为信息中提取出来的用户标签，通常就是动态标签。为用户贴上动态标签后，往往可以帮助企业明确用户更喜欢哪些品类的商品，从而帮助商家对其进行定制营销。

◆ 给用户打上标签

为了确保整个过程更加清晰、更有条理，我们不妨将这一过程分为两个步骤：

1. 收集数据

足够的用户数据是确保用户标签精细化的重要基础，缺乏数据支撑的用户标签不但浪费了企业资源，而且在实践中根本发挥不出标签的真正效果。在运营过程中，及时获取市场中出现的用户访谈、文献资料、研究报告、调查问卷及平台数据等是企业积累数据的关键所在。

2. 分析、提取关键词

在获取了足够的数据后，企业便可以开始对这些数据进行整理及分析，从而找到能够用来描述用户特性的关键词。

以为“90 后”群体贴标签为例，企业需要对“90 后”群体的行为特征、兴趣爱好有一个清晰的认识。通过在互联网中进行搜索，我们可以找到《“90 后”用户移动互联网行为洞察》《透视“90 后”新生代社交行为》《2016 年“90 后”生活形态调研报告》《“90 后”新生代社交网络喜好报告》等有关数据，经过对这些数据进行分析后，我们可以得到描述“90 后”的一些标签：压力感、社交一代等。

◆ 实现精细化运营不是梦

当企业真正在用户标签方面投入足够的精力后，往往能够有效掌握目标群体在兴趣爱好、购买习惯、需求心理等方面的重要特征。在实施策划活动时，如果能够充分借助用户标签，并对目标群体进行有效分类，将会使活动转化率获得明显提升。

一般来说，标签所发挥出的作用能够在活动投放与推送环节得到充分体现。

1. 灵活且准确地投放活动

对于活动投放，许多人的认识其实存在着误区，他们可能简单地认为借助编程人员的几行代码，从而将活动信息在流量较为集中的启动页面、banner 图等展示出来，就能达成预期目标。但事实并非如此，活动的精准投放很大程度上是由企业制定的用户标签决定的。

2. 触发用户场景化感知

在大数据时代，人们每天被大量的推广信息所围绕，企业如果不具备场景化运营的能力，就很难成功吸引用户的关注。而运营活动则正是让企业能够让用户体验场景的有效手段。

利用为用户贴标签，并对用户标签进行科学管理，可以针对不同的用户群体推出差异化的活动，通过个性化的场景来优化用户服务体验，从而有效提升转化率。

实践中，App 运营方通常会为那些新注册的用户推出激励活动，比如新人赠送免费体验券、新用户立享价值 88 元大礼包等。借助用户标签，企业可以对那些已经付款的用户进行个性化推送。当然，有时企业会根据自身的需求，在后台设置筛选条件来降低成本，比如划定特定的区域、进行性别或者年龄限制等。

某种程度上，我们可以将用户标签视为一种特殊形式的用户画像，企业通过在运营过程中对用户数据不断积累，分析出代表用户特性的标签。对标签进行分类后，再由相关人员负责统一管理，从而帮助企业营销人员在制定推广活动的过程中，根据企业的需求，更为高效精准地进行营销推广。

激励机制：刺激用户分享意愿

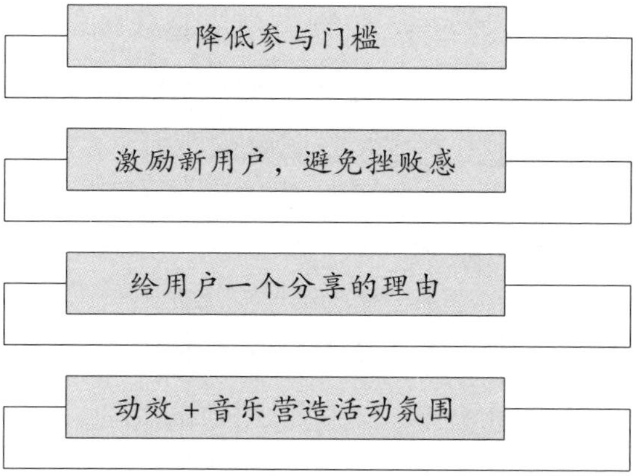

图 10－3　活动运营的激励机制

◆ 降低参与门槛

吸引用户之后就要引导用户参与。为了提升用户的参与度，企业要尽量降低活动的参与门槛。在设计方面，要尽量推迟用户登录的时间，否则用户刚进入活动页面就被要求登录，很有可能就此放弃参与活动。提示用户登录的时间最好在用户中奖之后，提示用户登录领取奖品，这样不仅能保证用户的参与度，还能提升登录转化率。但是，这里存在一个技术难点，就是如何应对未登录用户不停地提交垃圾留言或广告的情况。

◆ 激励新用户，避免挫败感

如果某活动需要用户持续回访，就要先让用户感受到获奖的快感，给用户足够的信心激励其持续参与活动，防止用户产生挫败感。

◆ 给用户一个分享的理由

研究表明，七成多的用户不愿意分享内容。在活动过程中，活动方为了激励用户分享经常设置一些实物奖励，奖品越丰厚，分享内容的人数就越多，这种方式属于外在推动。当然，更加巧妙地刺激用户分享内容的方式则是抓住人性的弱点，从用户虚荣、身份认同、自我实现等角度切入设计活动，从内在层面驱动用户分享内容。其中的典型案例就是神经猫、色盲等微信小游戏。

◆ 动效＋音乐营造活动氛围

合适的动画与音乐能营造出热闹、温馨的活动氛围，使用户的代入感得以有效增强，让用户获得更真实的活动体验。在很多 html5 页面中，动画与音乐都非常常见，这也是未来活动设计需要尝试的方向。

除上述事项以外，活动设计还需要注意以下几点：

（1）详细、周全，以便后期通过对数据的分析找到用户流失最严重的环节；

（2）了解合作伙伴及全部合作流程，对自身品牌负责，不做伤害用户之事；

（3）在活动结束以后要及时给用户反馈，因为 Wap 页面传播有不可控性，部分用户进入活动页面之后活动早已结束，在这种情况下，页面要及时给用户反馈；

（4）活动上线之前要进行简单的用户测试，发现问题并及时改正；

（5）设立完善的防刷机制，防止某些用户恶意地在活动页面散播广告，影响其他用户的活动体验。

第11章

把握节奏：有效覆盖目标用户群

如何把握发布会活动的节奏感

活动节奏是活动策划与运营流程中的重要一环，我们不妨通过一个场景对这一观点进行解释：

某电商平台为了庆祝一周年准备举办一场活动，为了保证活动效果，切实提升平台交易额，老板叫来了A与B两位活动策划人员，询问他们对周年庆活动的想法。

A策划人员的想法是：由于我们是新公司，所以可以采取之前效果较好、比较成熟的活动形式，加大促销力度及广告投入，以保证交易额。最重要的是，这些工作策划团队都非常熟悉，可以轻松搞定，不会出现突发情况。

B策划人员的想法是：周年庆活动不仅是提升交易额的好时机，也是打造品牌的好机会，因此可以将活动时间拉长，通过前期预热实现留存，通过中期秒杀活动引流，周年庆当天全面促销。另外，在中期还可以邀请一些意见领袖、流量明星为平台送祝福，平台也可以为用户发放优惠券，以提升品牌的知名度，成功塑造品牌形象。

这两种活动方案，A 方案的执行性较强，但老板应该更喜欢 B 方案，因为 B 活动方案有节奏感。这就是我认为活动的节奏感是活动策划的核心竞争力的原因。在一个活动中，通过合理的顺序在其中安排不同类型的活动能使各项产品的核心数据指标有效提升，而产品数据越丰富，识别的风险就越小。

活动策划人员要想把握活动策划的节奏感非常不易。首先，活动策划人员必须明确各种类型活动的最佳节奏；其次，活动策划人员要找到落实这种节奏的方法。前者可以通过多看多总结实现，后者则需要以强大、丰富的资源为支撑。

发布会是大家非常熟悉的一种活动形式，制造悬念、海报预热、邀请关键意见领袖与流量明星、引发争议、微博转发送礼、全网直播等可以说是发布会最常用的一些方式。当然，在发布会结束后，发布会举办方的公关稿会在第一时间覆盖各大媒体，CEO 专访也会频频爆出金句，如果是商品类发布会，在发布会结束后 24 小时还会有产品销量捷报。这些可以说是发布会的基本节奏。

下面以锤子手机为例对其发布坚果手机的节奏进行讨论。

◆ 新机爆料

2015 年初，锤子科技将发布“小锤子手机”的消息开始在社会上流传；6 月 2 日，工信部公布了锤子新机的配置，该消息一出就引发了网友热议，“小锤子手机”也备受网友期待。

◆ 官方发声

2015 年 6 月，锤子科技创始人罗永浩针对“小锤子手机”一事在微博做了回应，明确表示锤子新品不叫“小锤子”，并确定其价格在 1500 元左右。该消息一发布就引发了广大网友关注，人们对“小锤子”的热情再次高涨。

◆ 倒计时海报

在锤子新品发布会召开前 7 天，锤子科技的新浪微博每天都会发布倒计时信息，并配有不同的文案，以吸引人们持续关注。对于这些信息，罗永浩每条都会转发。

◆ 发布会当天

（1）情怀海报。在发布会当天，锤子科技公布了一张情怀海报，海报展示了丘吉尔、海明威等伟人，并以“漂亮得不像实力派”为主题邀请网友写下自己心目中的实力派，与网友互动。这张情怀海报无疑再次引发了人们的热议。

（2）线上活动。在线上锤子科技依然推出了“转发送手机”的活动，无论是否有僵尸粉转发，仅从数据来看，锤子科技策划的转发活动不可谓不成功。

（3）品牌联动。“看发布会领取滴滴红包”，锤子科技与滴滴联动，相互借力，互换资源，以各自庞大的用户资源为依托开展合作，成功地提升了品牌的曝光度。

如何把握电商促销活动节奏感

在电视促销中，场景案例属于典型节奏。电商销售额有五大影响因素，分别是流量、转化率、留存、客单价、复购率，电商促销活动主要围绕这五大要素策划，并且要保证每个要素都有对应的活动来提升数据。

目前，很多电商都非常关注留存与转化率这两大要素，所以电商的促销活动会先上线与这两大要素相关的活动，然后再发布与流量、客单价、复购率相关的活动。下面我们以乐视 919 活动策划为例对电商促销的节奏感进行分析。

乐视 919 活动从 9 月 7 日开始，一直延续到 9 月 20 日，期间分不同阶段推出了“优惠券 + 众筹”“秒杀”“秒杀 + 降价”“晒单”四个活动，具体分析如下。

◆ 众筹活动

众筹活动开始于 2015 年 9 月 7 日，一直延续到 9 月 18 日，其活动形式为签到，统计签到次数，累计签到次数兑换奖池，签到次数越多奖池越大。乐视希望通过该活动提升用户的活跃度及留存率。为了保证该活动的效果，乐视设置了科学的抽奖机会获取规则，以引导用户将该活动分享出去。

◆ 每天一折疯抢

该活动与众筹活动同步进行，只不过该活动只在 9 月 7 日到 18 日的中午 12 点进行。乐视每天会推出 100 份爆品，其价格仅为原价的一折。

乐视希望通过该活动为919宣传造势，吸引人们关注919活动，并提前发放代金券。为了保证该活动的效果，乐视会提前一天预告折扣商品，吸引人们参与。

◆ 乐视919全系立减500

该活动开始于9月19日零点，结束于9月19日24点，在活动期间，乐视超级电视与超级手机直降500元，用券最高减1000元。乐视希望通过该活动提升整体客单价，为了保证该目的能顺利达成，乐视提前发放了优惠券及满减券。

◆ 919秒杀专场

该活动在9月19日当天分7个不同的时间点进行，乐视共推出100份不同的商品供用户秒杀，这些商品的价格均为9.19元。乐视希望通过该活动增加活动当天参与人数，并向其发放代金券。为了保证活动效果，乐视保证每一场秒杀活动的商品都具有吸引力。

如何把握话题互动活动节奏感

在社区产品运营中，话题互动是一种常用的运营手段。在策划话题互动时，活动策划人员要注意以下几点：如果策划人员要对处在起步阶段的社区产品策划话题互动，就要想方设法提升产品的内容量；如果策划人员要对成熟的互联网社区产品策划话题互动，就要将重点放在内容传播与流量引入方面。

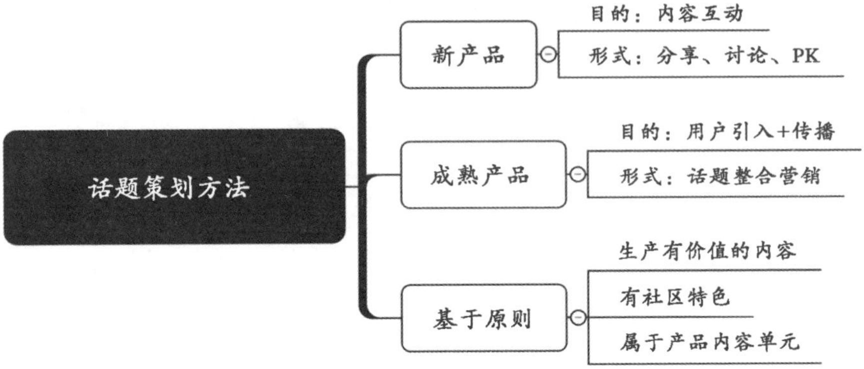

图 11－1　话题策划方法

如果话题互动的主要目的是提升内容互动量，话题互动策划的重点就可以放在提前告知核心用户方面。下面我们以流量引入为目的，以话题互动为对象对其节奏感的把控进行分析。

◆ 以热点为导向的话题互动

事件营销类话题策划要按以下流程进行：

制造或发现热点话题——找到话题与产品的结合点——采购媒体发声——其他媒体转载——购买 KOL——引导用户参与话题讨论。

这种话题互动节奏有优点，也有不足。如果话题互动的效果好，就能获得巨大的成功；如果话题互动效果不好，就只能为他人做嫁衣，他人的粉丝量暴涨，自己的下载量排名迟迟得不到提升。

◆ 以功能为导向的话题互动

成熟产品的内容话题策划一般要按以下流程进行：

运营独立开发或重复使用某个话题讨论工具——与可预测的热点相

结合对话题进行策划——将话题策划准备工作有序落实——站内产品，站外合作，准备好宣传物料——做好话题预热及宣传，购买 KOL——做好内容沉淀或 PR 传播，吸引用户参与话题讨论。

这类话题互动比较少见，下面以百度贴吧与焦点访谈合作策划的“百度贴吧民意交流平台”为例对成熟产品的话题互动策划的节奏感进行分析。

由于网友在百度贴吧发表的评论都比较客观、犀利，所以在 2015 年两会期间，《焦点访谈》与百度贴吧联合开通了“焦点访谈官方吧”，以方便在两会期间与网民互动。该话题互动策划的节奏感如下：

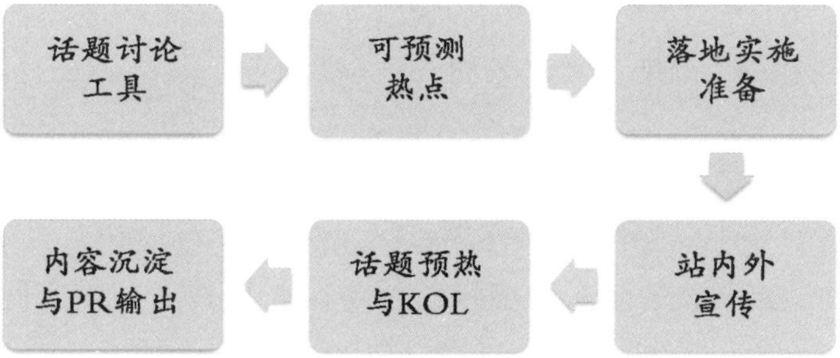

图 11－2 “焦点访谈官方吧”话题活动策划

（1）话题讨论工具。该话题互动使用的是话题 PK 帖这一特殊的百度贴吧 PC 端发帖形式，在这种类型的帖子中，用户可以简单地投票表决，也可以通过文字表达自己的观点。

（2）可预测热点。除具体的议题外，两会本身就是一个可预测的热点，因此，策划人员提前对“焦点访谈官方吧”的吧头进行了设计，提前调用了话题 PK 帖。

（3）落地实施准备。该话题互动策划的核心环节就是与焦点访谈栏目组的沟通，让页面开发进度保持同步，构建完善有效的贴吧网民意见反馈机制。

（4）站内外宣传。在贴吧站内资源位与百度搜索中引入关键词及其他异业合作与焦点访谈的资源。

（5）话题预热与 KOL。招募话题志愿者填充内容，招募关键意见领袖在社交媒体传播网友发布的优质评价。

（6）内容沉淀与 PR 输出。在该话题互动中，百度贴吧与焦点访谈展开了深度合作，因此话题互动结果的 PR 输出是一大亮点。另外，要做好内容沉淀工作，将优质的帖子保存下来。

如何把握外卖店铺活动节奏感

外卖店铺举办活动的主要目的是为了提高店铺经营业绩，取得更高的价值回报。处于不同发展阶段的外卖店铺，利益诉求存在一定差异，其活动目的、方案、力度等也应该有所不同。从外卖店铺实际发展情况角度，我们可以将外卖店铺分为以下三种：

（1）发展初期店铺。这类店铺对曝光量及首批用户有较高需求，重点在于引流拉新。

（2）发展期店铺。经过了一段时间的发展后，这类店铺已经有了一定的知名度及用户，为了进一步发展，需要持续获取新用户，并提高用户忠实度。

（3）稳定期店铺。这类店铺知名度和用户量都达到一定规模，用户关系维护、品牌建设、实现盈利更为关键，需要提高经营管理水平，获取更高的利润回报。

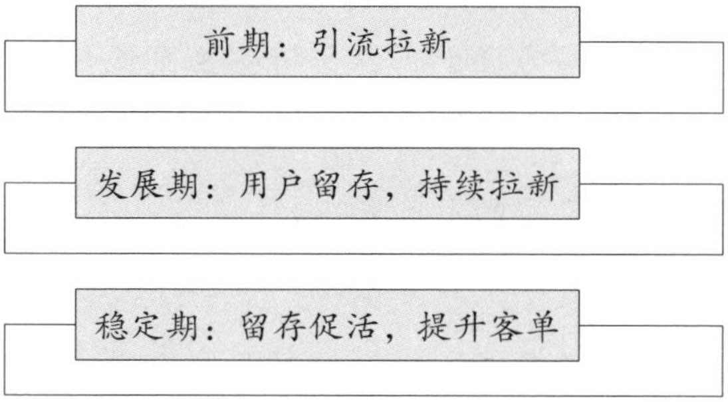

图 11－3　外卖店铺活动的节奏感

◆ 前期：引流拉新

刚开业时店铺缺乏流量与知名度，导致经营业绩不佳，是很多新外卖店铺存在的问题。想要解决这一问题，外卖店铺需要转变思维模式，不能盲目追求盈利，而是要在活动推广方面投入更多资源，通过活动推广取得更高的曝光量，积累更多的忠实用户，当曝光量和忠实用户都达到一定规模后，盈利就会是水到渠成的事情。

引流拉新活动主要包括满减、爆款引流、新用户下单立减、限时限量抢购、赠送优惠券等。在饿了么、美团外卖等外卖平台中，店铺举办活动是相当普遍的，新店铺想要获得更高曝光量，不但要提高活动力度，还要结合多种形式的活动，满足不同用户的个性化需求。

（1）提高活动力度。向用户赠送较大额度的优惠券、将满减活动门槛降低，以吸引更多的用户下单、评论及口碑传播。

（2）活动组合拳。

★满减活动。满减可以分为 1～3 档，第一档要求金额和起送价或店铺中的热销品均价持平，满减金额为原价的一半甚至更高，为了鼓励用户购买，第二档满减金额要大于第一档，第三档满减金额要大于第二档。

★爆款引流。在店铺中为用户提供多种菜品，折扣力度应该存在一定差异，将特色菜品打造为爆款，以5折甚至更低价出售，其他菜品则结合其利润6~9折出售，满足用户个性化需求。当然，也可以选择商超普遍采用的9.9元、19.9元的定价策略。

★设置代金券。代金券发放渠道绝不仅限于外卖平台，还可以在微博、微信、贴吧等社会化媒体，线下宣传单（扫描二维码领取代金券）等渠道中发放，小面额的代金券可以不设置门槛，大面额的代金券可将门槛设置为与起送价或特色菜品持平。

★节日活动。设置节日专享活动；节日期间，人们购物意愿较为强烈，店铺可以提供和节日主题相关的菜品，从而激发用户冲动消费。

★平台活动。饿了么、美团外卖等平台方为了提高平台流量及成交额，也会推出各类活动，店铺可以报名参加这类活动，比如，支持上门取餐、饿了么超级会员专享等。

◆ 发展期：用户留存，持续拉新

处于发展期的店铺，已经具备一定流量及用户，但用户黏性较低，订单量还需要进一步增加等。该阶段，店铺可以适当降低活动力度，保障收支平衡，虽然可能会失去部分对价格较为敏感的用户，但也能让店铺沉淀一批忠实用户。发展期店铺的主要目标是提高留存及客单价，持续增加新用户。下单返券对提高留存和客单价有颇为良好的效果，满减、限时限量抢购及超级会员专享对吸引新用户更具优势。

（1）适度降低活动力度。店铺的最终目标是为了盈利，而且盈利后才有更多的资金用来改善菜品及服务，在度过初级发展阶段后，外卖店铺就需要考虑盈利问题，所以，处于发展期的外卖店铺可以适度降低活动力度。

（2）活动组合拳。

★满减活动。同样分为三档，但使用门槛需要做出调整，第一档使用门槛可以比起送价或热销品高出2～5元，满减金额为原价的20%～30%，第二档及第三档满减金额也要做出类似的调整。

★爆款引流。将2～3款特色菜品作为引流爆款，同时，为部分菜品报名平台的限时抢购活动等。

★下单返券。用户下单后自动为用户赠送优惠券，从而提高复购率，当然，优惠券应该设置使用期限及门槛。

★限时限量抢购。考虑到成本因素，店铺不必每天都推出限时限量抢购活动，可以选择一周中的1～2天作为活动日，持续为店铺带来新用户。

◆ 稳定期：留存促活，提升客单

稳定期店铺的流量、订单量都达到了一定规模，此时，提高客单价，追求利润最大化是一项重要目标，当然，维护用户关系、避免用户流失也是运营重点。

（1）进一步降低活动力度。推出一些周期性活动，通过开展精准营销维护用户关系，提高其复购率，使用满减、代金券等提高客单价。

（2）活动组合拳。

★满减活动。满减金额进一步降低，增加四档甚至五档满减，刺激忠实用户进一步提高客单价。

★代金券、满赠。代金券及满赠的门槛可以设置为店铺客单价的110%～120%，代金券及满赠金额可以设置为门槛的10%。

★精准营销。向忠实用户开展精准营销，比如，结合其客单价、购买菜品等发放特定面额代金券。同时，向那些下单频率降低的用户赠送较大面额优惠券，激活沉睡用户等。

★爆款引流。巩固爆款菜品价格优势的同时，将其与其他菜品相结合组成各种套餐，带动店铺整体销量。

★周期性活动。结合节假日，比如，周六午餐、晚餐等设置优惠活动，为老用户创造价值，提高其对店铺的忠实度。

外卖店铺活动并不是要追求更为丰富多元的形式、更大的折扣力度，更不应该在店铺不同发展阶段保持同样的活动策略，它应该服务于店铺的实际发展需要及盈利诉求。上面三个发展阶段基本涵盖了外卖店铺的经营发展历程，外卖店铺商家可以结合自身店铺的实际发展情况，借鉴上述外卖店铺活动技巧和经验，从而推动店铺的持续稳定发展。

第12章

控制成本：创造活动价值最大化

策划环节：提升运营的执行力

总体来说，一个完整的活动包含以下四大环节：

（1）策划。它是指为了完成活动目标而进行的一系列谋划、计划。

（2）开发。它同时包含了设计、测试、运营、程序在内的多个子环节。

（3）宣传。它是指为了让更多的用户了解并参与活动而进行营销推广。

（4）运营。它是指用户参加活动时，企业投入相应的人力、物力确保活动正常进行。

如果说策划是活动准备阶段，那么，开发、宣传和运营就是执行阶段。为了确保达成活动目标，一个完整的活动需要付出大量的时间与精力。运营人员扮演的角色尤为关键，当出现各种问题时，需要运营人员及时主动地找到解决方案；当活动执行人员不积极配合时，很多时候需要运营人员亲自上阵确保活动方案得到真正执行。

无论活动的目的是吸引流量，还是提高交易额，都需要和企业的年度计划、季度计划联系起来，并进一步分解到月计划及周计划中。也就是说，策划工作必须基于一定周期内的目标进行。

除了积极配合其他部门工作外，运营人员应该重点分析，如何充分挖掘现有用户的潜在价值，在这一方面，企业应该以运营人员为主导，其他部门担任配角。所以，很多时候，其他部门往往是按照运营部门制定的具体执行方案开展工作，而这些具体执行方案是运营团队进行充分的线上线下沟通，并不断优化、完善而来，在执行过程中还会根据实际情况进一步调整。

优秀的运营团队，往往会制定出多套活动策划方案，而得到执行的方案是最适合企业当前状况的一种，不但充分参考团队内部的意见和建议，还会结合其他部门、用户、供应链合作伙伴甚至竞争对手的反馈意见。

需要注意的是，策划人员也应该充分考虑执行人员的执行能力。忽略执行人员的执行能力，即便设计出再优秀的策划方案也没有意义。在企业运营中，受到执行人员执行能力限制，优秀的创意方案得不到落地是很普遍的事情。当然，随着工作时间逐渐增长，运营人员自身的策划能力，以及和团队成员及其他部门的协同配合能力也会逐渐提升，在提高策划质量的同时，也能降低策划成本。

开发环节：团队共同开发协作

活动的类型、目的及规模等都会对开发成本带来影响，有些较为简单的活动，仅需要在公众号中发布一篇文章即可。但对于那些竞猜、转盘抽奖、征文比赛等活动，则需要付出大量的开发成本，数据库存储及页面功能开发尤为常见。有些活动甚至需要运营人员像产品经理一样写需求文档，和程序、美工、测试等人员共同制定方案。

运营人员要想写出能够被开发人员理解的需求文档，需要有一定的专业技能储备，写需求文档仅是其中一项工作，后续还会涉及需求评审、交互设计、前后端开发等。

表12－1　需求文档的撰写要求

序	结构名称	交付形式
1	命名编号	文本
2	版本历史	Excel
3	目录	自动生成
4	设计目的	文本
5	功能需求	思维导图
6	界面路径图	逻辑图
7	交互表现	Axure
8	功能逻辑图	逻辑图
9	测试用例	Excel
10	美术音效	Jpg/MP3
11	压力性能	Excel
12	程序接口	Excel
13	数据库结构	Excel

运营人员应该有一定的开发知识，这样在设计开发方案时，可以有效降低因为开发难度高、成本大，而造成的重新设计开发方案问题。同

时，还应该掌握足够的跨部门沟通技巧，否则将会给开发环节带来巨大阻力。

将开发的功能模块模板化，从而重复使用，对降低开发成本、提高活动质量具有十分积极的影响。从开发人员自身的角度来看，如果每次开发时，做大量的重复性工作，会抑制开发人员的创造力与积极性，而如果可以直接使用此前的活动模板，开发人员就可以将时间与精力专注于新领域，从而提高活动质量。

以企业界广泛采用的抽奖活动为例，事实上，全球范围内的随机抽奖活动逻辑是相当有限的，如果能够将其模板化，再推出抽奖活动时，只需要重新设计图片及表格即可。

推广环节：统筹活动宣传规划

从活动举办阶段角度上，活动宣传整体方案可以分为活动举办前预热宣传、活动中宣传及活动举办完后的后续宣传。

（1）预热宣传开始时间需要结合具体活动确定，以电商平台卖家的节日活动为例，“6. 18”“双 11”“双 12”等大型节日活动可能会在一个月前就进行预热宣传，而上新、店铺周年庆等小型活动往往是一周或三天前进行预热宣传。预热宣传的主要作用是造势，争取能让活动举办日的流量、订单量等达到峰值。赠送代金券、转发活动链接参与抽奖在活动预热宣传阶段被广泛采用。

（2）活动中宣传要结合多种宣传渠道，将图文、音频、视频等各类营销内容通过媒体矩阵向目标用户传播推广，为了提高用户参与的积极性，将活动的火爆场面在营销内容中展现出来是相当不错的选择。

（3）对活动进行后续宣传的目的是为了最大限度地挖掘活动价值，

利用活动余热提高用户忠实度，搜集用户反馈意见等。比如，品牌商活动举办完后，客服人员对部分参与活动用户进行电话回访，增进双方信任关系的同时，还可以让用户为此次活动提供反馈意见。

宣传环节决定了活动参与人数与实际效果，运营人员需要对该环节予以高度重视。部分活动的宣传工作，仅需要运营人员便可完成，比如对于提高用户活跃度的活动，涉及的工作主要是选择投放渠道、设计宣传文案、引导舆论传播等，大部分运营人员可以自己独立完成这些工作。

而有相当数量的活动宣传工作，必须要有其他部门提供帮助。比如内容编辑提供广告图、文案内容等，市场商务部负责联系投放渠道、整合内外部营销资源等。

对企业比较重要的大型活动，企业高层通常会要求市场、公关、品牌等人员和运营团队协同配合，共同推进活动，而较小的活动，运营人员自己就能完成。而介于大型活动和小型活动之间的中型活动，仅凭运营人员无法独立完成，需要其他部门人员提供帮助，但又没有得到上级授权，此时，就需要运营人员发挥自身的沟通协调能力，在不影响其他部门员工日常工作的前提下，得到其支持与帮助。

运营环节：精简经营维护成本

◆ 因规则设计引发的结算成本

以征文活动为例，对参赛作品进行评分，会耗费大量的时间与精力，而且有些征文活动还会采用淘汰制，经过多轮竞争后才会出现冠亚军，每轮结束时，运营人员需要处理大量数据，并向外界公布晋级情况。

在活动时间节点方面，表面上看，从 0 点到 24 点和从中午 12 点到次日中午12点都是24小时，但二者所带来的隐性成本存在明显差异，尤其是那些奖励不能自动结算的活动，将活动时间选为中午12点到次日中午12点结束是很有必要的。因为这种活动通常需要多个部门完成结算，如果将其设计为24点结束，就需要其他部门一起加班到24点，而且结算也需要一定时间，可能要工作到凌晨2点以后，才能统计出结果，难免会让人心生不满。

与此同时，如果将活动定为晚上24点结束，需要在凌晨公布结果，难以给用户带来良好体验，而且当用户对活动结算结果有疑问时，也很难在第一时间为其解答。

◆ 因结算方式引发的发奖成本

比如，当选择发送礼包CD－KEY作为奖励时，如果是在论坛内举办的活动，就要向获得奖励的用户发送站内信；如果是页面活动，则要向获奖用户索要微信号、手机号或QQ号等，然后由奖励发放人员进行核对后统一发放。

部分活动还会向用户赠送水杯、书籍、手机、平板电脑等实物奖励，在整理获奖用户地址过程中，运营人员为了确保奖励能够真正送到用户手中，往往需要和获奖用户联系并确认地址。

当然有些活动可能会发放现金奖励，此时，向获奖用户发奖，绝不仅是简单地通过微信或支付宝转账，它需要遵循公司的财务汇款流程，经过多层级审批，有时甚至还需要获奖用户提供身份证复印件及银行卡号。

◆ 因意外情况引发的维护成本

在活动策划期间，投入更多的时间与精力确实可以减少一些问题，但在活动执行期间往往会出现各种意外情况，从而带来较高的维护成本。即便运营人员非常小心谨慎，进行了多次测试，也很难避免出现各种意外情况。

比如，对于活动规则，因为认知水平和立场的差异，用户可能会质疑活动某项规则，当这种质疑的声音在用户群体中传播时，需要运营人员及时优化活动规则。还有些用户没有深入了解活动规则，参与活动过程中遇到问题时，就要求企业予以解答。这种情况下，如果运营人员没有和客服进行沟通交流，或是对客服进行培训，就需要运营人员充当客服角色，为用户解答各种问题，这无疑会造成成本大幅度增长。

由于开发环节出现的问题，会导致活动很容易发生 BUG，这时往往需要开发人员加班解决。而像分辨率问题、服务器延迟、浏览器不兼容等问题并非是 BUG，而是开发人员没有做好活动测试，忽略了用户的实际体验。

出现各种意外情况时，会造成活动成本明显提升，而且这种成本往往不是直接体现在资金方面，而是为了解决问题而投入的人力成本和浪费的时间机会成本等。

搭建企业效能框架与业务框架

提升效率、降低成本是企业追求的长期目标，不计成本地提高质量的企业很难长期生存。所有组织成员都想要高效率工作，但绝大部分人在工作中并不能做到这一点，实践证明，企业简单地用指导思想向员工强调要提高效率，很难产生实际效果。而使效能框架与业务框架深入到每一个组织成员心中，无疑会产生十分良好的效果。

◆ 效能框架

效能框架强调员工在完成一项工作的过程中，需要思考使用了公司多少资源，占用了多长时间，最终又应该达成怎样的质量。对于活动运营来说，要想提高效率，降低成本，需要尽可能地减少人力成本，争取用更短的时间取得更高的活动质量。

◆ 业务框架

业务框架可以理解为部门业务操作手册，财务、市场、物流、生产等部门各自都有其需要负责的核心业务模块，这些核心业务模块又会被分为多个环节，而每个环节又能被进一步细分为多项执行细节。所以，企业在制作部门业务操作手册过程中，不但要明确各部门、各岗位的分工，更要描述容易出现的问题及其解决方案、各种工作技巧与经验等，这确实是一件较为困难的事情，但它却是企业提质增效、降低管理运营成本的有效途径。

效能框架和业务框架相互促进、相辅相成，缺乏足够经验的员工可能难以打造业务框架，但当他们将效能框架应用到工作中时，经过一段时间的积累与沉淀，就会逐渐打造出业务框架。而已经建立业务框架的员工，能够通过效能框架对业务框架进行不断验证并持续优化，快速提高其业务能力及综合素质。

在业务框架划分方面，业务框架划分越细致，对企业提质增效效果越显著。一方面，更为精细的业务框架，可以确保策略执行到位；另一方面，更为精细的业务框架，可以让员工更为精准地了解完成任务需要投入的时间与精力。此外，更为精细的业务框架，更加有利于企业的绩效考核，充分激发组织成员的能动性。

第13章

内容型产品活动策划与运营技巧

内容型产品话题活动策划技巧

通常来说，商家进行话题策划的目的主要包括两点：其一是增加用户数量；其二是促进自身与用户之间的交流沟通。对于不同阶段的内容产品，对其进行话题策划的重点也存在明显差异。

◆ 早期产品的话题策划

尚处于初级发展阶段的内容产品，商家策划话题活动的主要目标是为了增加与用户之间的交流互动，而不是去促进产品销量或用户群体规模的增长。

要知道话题性活动获取新用户的主要方式就是现有用户的主动分享，一个尚处于起步阶段的产品其用户规模相对较少，而且用户黏性也相对较低，更不用说让他们主动在朋友圈内进行传播分享。因此，位于起步阶段的产品，需要通过与粉丝之间的交流沟通来提升现有用户黏性。

对于策划以与用户互动交流为主要目的的话题活动，商家可以利用投票、PK、评论、分享等方式，来促使用户主动创造传播内容。这三种方式在企业界应用十分普遍，以网易云音乐为例，虽然网易云音乐并非是处于初级发展阶段的产品，但它无疑为我们提供了宝贵的借鉴经验。

在网易云音乐举办的“一句话卖一个歌手安利”话题活动中，我们可以看到该活动不仅吸引了大量用户的主动分享，而且有海量的用户在话题页面下进行评论。

从实践来看，日活跃用户人数达到 4 万人，日均有效内容（包括商家发布的内容和粉丝再生产的内容）达到 100 篇以上的产品，其话题策划活动通常会取得较为理想的效果。

当公众号的日活跃用户人数达到 4 万人时，这种规模的样本，足以让商家根据搜集到的与这些用户相关的数据，来描绘用户画像。在此基础上，我们就可以通过对这些用户群体的行为进行分析，从而制定出有效的激励措施，实现话题活动的定制策划。而对于日活跃用户相对较少的产品，商家则需要利用社群化运营，在社群内部与用户进行互动交流，从而借助用户资源实现话题的传播推广。

◆ 成熟期产品的话题策划

从话题策划的角度来看，当一款产品的用户群体规模达到 10 万时，产品基本可以确定为成熟型产品。这类产品进行话题策划的目的主要是为了进一步推动用户群体的快速增长以及进行品牌传播。因此，商家在话题策划时，需要引爆话题，能够将营销内容向更为广泛的用户群体进行传播推广。而借势则是一种引爆话题的有效手段，很多时候借势往往就是事件营销，所以很多从业者也将这种话题策划称为“事件营销类话题策划”。

在互联网领域，成功的事件营销案例数不胜数，以曾经引发社会各界广泛关注的“互联网史上第一次约架——罗永浩对话王自如”话题活动为例，此次事件的背后策划者是视频领域的巨头优酷，通过此次策划活动，优酷平台的用户流量在短时间内实现了快速增长。

不过，事件类话题策划活动也存在明显的短板：它很容易转变为运营方的自嗨，最终的发展结局超出运营方的控制。以支付宝圈子事件为例，在此次事件中，最后彭蕾亲自出面向广大民众表示歉意，但很多人认为这是支付宝的事件营销。从营销角度来看，支付宝的圈子确实得到了大范围的传播推广，但支付宝圈子却被很多网民贴上了一个低俗色情的标签。

新世相策划的“逃离北上广”话题活动也是一个负面案例，和支付宝圈子事件一样，这个话题活动也吸引了众多的眼球。但如果从举办方策划此次话题互动的目的来看，它则是相当失败的。

作为此次话题活动的赞助商，航班管家的目的是要借助这个活动来引入更高的流量，但话题活动使得新世相获得了较高的流量，却鲜有与航班管家相关的话题讨论。航班管家 App 应用的下载量与举办活动之前几乎没有任何变化。要知道商家进行话题策划活动都带有自己的某种目的，如果这个目的不能实现，活动即使运营得如火如荼，对于商家而言也是毫无意义的。

话题活动策划运营的五个步骤

◆ 开辟专门的“话题活动”疆域

具体到活动策划领域，开辟疆域主要就是指打造版块和开发工具。

版块是内容的有效载体，而且能够让商家与用户进行交流沟通，这也是很多品牌商会在官网中开设论坛等线上版块的主要因素。这种商家打造的垂直化版块，除了能够有效提升话题活动的专业性与曝光度外，它还能让活动产生的优质内容能够很好地沉淀下来。

而开发工具的主要目的就是为了减少运营成本，因为在移动互联网时代，商家策划话题活动的频率相当频繁，甚至一些互联网公司对于旗下的热门产品每天都会策划一个话题活动。此时，开发出一个能够将话题推广、用户互动、数据分析等功能融为一体的工具就显得十分必要。

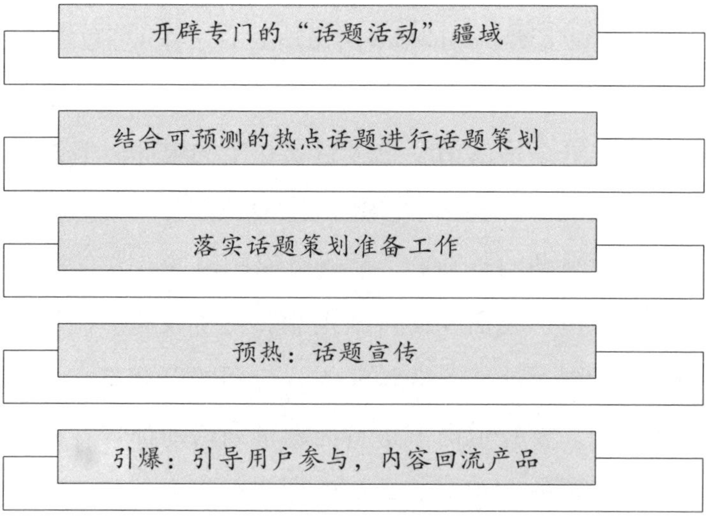

图 13－1　话题活动策划运营的五个步骤

◆ 结合可预测的热点话题进行话题策划

上面所提到的事件话题活动策划虽然也有可能取得良好的传播效果，但其效果不稳定，有时会给企业品牌带来严重的负面影响。所以，企业需要找到一些结果更加可控，并具有较强生命力的活动，来服务于自身的话题活动策划。一般来说，符合这种要求的活动主要有以下几种：

（1）企业动态活动，比如新品发布会、周年庆典等。

（2）定期举办的赛事活动，比如世界杯、奥运会等。

（3）重要节日，比如中秋节、圣诞节、春节等。

（4）原生造节。这个在大型的互联网公司中十分普遍，京东自己创造了“6.18”，阿里则创造出了“双11”等。

◆ 落实话题策划准备工作

这一阶段要做的准备工作主要有：招募愿意对活动进行传播推广的忠实粉丝（通常就是企业的种子用户）；选择合适的关键意见领袖和新媒体平台；寻找对活动感兴趣的合作伙伴，从而实现优势互补；撰写文案，准备对话题活动进行推广的相关材料等。

◆ 预热：话题宣传

准备工作完成后，商家还要对此次话题活动进行预热。此时，新媒体平台及关键意见领袖将发挥十分关键的作用，其中新媒体平台有着十分强大的传播效果，而关键意见领袖则能够引爆话题活动，从而为后续正式开展话题活动打下坚实的基础。

◆ 引爆：引导用户参与，内容回流产品

借助一些激励手段，提升用户的参与积极性，通过引发用户情感共鸣，让他们在自己的朋友圈内主动传播并分享话题等，最终将这些内容转化成产品的一部分，实现内容回流产品，有效提升产品的附加值。

需要商家注意的是，成功策划话题活动的核心不是渠道，而是能够让用户主动参与到分享内容过程中来。具体而言，从那些成功的话题活动策划案例中，我们可以发现它们具有以下几点共性：

（1）话题和产品本身应该具有某种关联。以面向女性用户群体的社交电商平台小红书为例，如果其策划类似高尔夫、世界杯的话题活动，成功的希望相当渺茫。

（2）话题活动中应该具有一些能够吸引用户参与并分享的优质内容。

（3）策划出来的话题最终应该能够转化为产品的一部分，比如成为产品的某种文化内涵等。

内容型产品用户运营实战技巧

“核心用户”即产品早期探索阶段积累的忠诚用户，他们常常是产品引爆流行、成长为爆品的关键。因此，后产品时代内容运营的一个重点，是通过持续提供优质内容留存和扩大核心用户，不仅让这些核心用户成为产品的忠实拥趸者和使用者，更让他们成为实现产品或品牌口碑传播的重要力量。

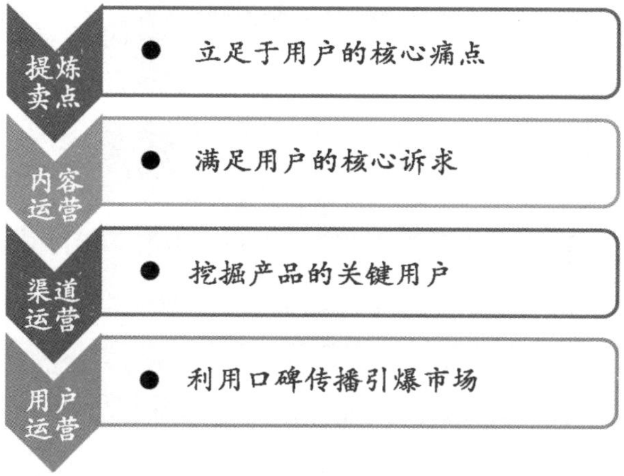

图 13－2　内容型产品用户运营实战技巧

◆ 提炼卖点：立足于用户的核心痛点

产品卖点必须立足于用户的痛点需求，能够为用户提供最迫切需要的问题解决方案。这与关注用户潜在需求和深层欲望的痒点需求不同，后者由于并非用户最急需的内容，因此只有在使用成本足够低的情况下才会引起用户的兴趣。同时，卖点还要具有独特性，与已有的痛点产品相比能够提供更好的解决方案，如此才能吸引和留存用户使用该产品。

比如企业通讯类产品，如果别人的产品都带有企业外联系人，而你的产品只专注企业内部沟通，能为用户提供一个更为纯粹的内部交互平台，则很可能更容易获得企业用户的青睐。

不过，构建产品独特卖点的前提是首先明确目标用户，即想要对“谁”产生吸引力。在市场不断垂直细分、用户需求更加多元化的情况下，产品内容不可能满足所有用户的需求，这时就需要运营人员精准定位目标受众，基于目标用户的具体特质和需求设计产品卖点。

◆ 内容运营：满足用户的核心诉求

运营人员必须根据公司战略、产品定位等内容，从最合适的用户群体切入进行内容运营。同时，运营人员还要准确把握企业级产品用户与消费级产品用户的差异，前者并不是单一用户，而是包括老板、决策人、产品的具体使用者等多种角色。

因此，在企业级产品运营中，只有满足不同角色群体特别是老板和决策人的需要，才能真正被引入企业，获得企业用户的青睐。企业内部的用户重点是自上而下流动的，即产品的最初用户是老板和决策人，这时产品运营应主打安全性、成本、功能覆盖度等卖点，并给予这些核心用户充分的决策时间；当用户重点转移到产品的真正使用者时，则应注重用户在产品功能性、易用性、美观性等方面的诉求。

◆ 渠道运营：挖掘产品的关键用户

关键用户特别是企业用户，很多时候并不容易找到，对没有什么名气的创业公司来说更是如此。这时，可以通过与第三方合作的方式，利用第三方合作伙伴的资源对接核心用户。比如与代理渠道构建一种共赢模式，对方负责引入用户，而你负责提供优质产品，以此实现产品早期的用户积累。

此外，也可以从推广渠道入手，借助层出不穷的社会化媒体进行产品营销，不断提高自身产品的知名度；积极参加各类活动，在拓展公司人脉的同时推送自己的产品。

◆ 用户运营：利用口碑传播引爆市场

新产品积累用户的一般逻辑是：首先做好关键用户，然后借助关键用户的口碑传播和标杆作用，吸引更多普通用户使用产品，从而不断扩大用户群体规模，获得更多价值。人们在面对一个新产品时会有诸多疑虑，这时标杆用户常常起到一种信任背书的作用，能够有效打消普通用户的顾虑；同时，通过有效运营核心用户，运营人员也能够更深刻地理解用户特质与需求，从而不断优化完善产品内容和运营流程，为人们提供更优质的产品体验。

内容运营实战流程与主要技巧

从运营角度来看，内容可分为资讯类、干货类、专业类、混杂类等不同类型，而不同内容所需的运营之道也常常有所差异。内容运营，即借助某些策划手段，吸引更多用户的目光并让用户认可自己的观点，以此提高互联网产品的内容价值，增强用户黏性，对产品运营产生正向价值。如在微信公众号中发布一篇文章，从文章发布到推送结束的整个流程就是一个内容运营过程。

由此产生的一个重要问题是：产品运营者如何将产品内容更好地呈现到用户面前，让用户在众多的产品中选择并认可自己的产品？具体来看，可以将内容运营分解为四个关键词：内容采集、内容呈现、内容传播和内容效果反馈。

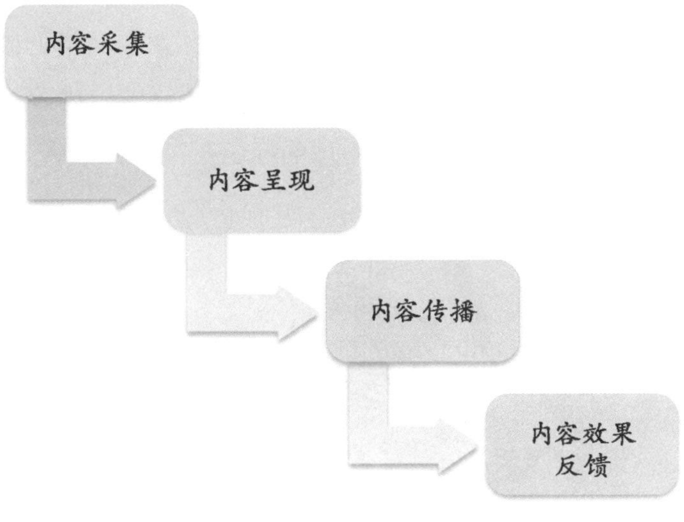

图 13－3 内容运营的操作流程

◆ 内容采集

内容采集类似于传统报社编辑，是内容运营的出发点。一个优秀的编辑在真正动笔之前就会对写作方向、内容主题、文章意义等进行明确精准的定位，然后直接在确定的方向和框架中输入具体内容。同样，内容运营的第一步也是首先明确内容定位、渠道来源、目标读者以及内容的意义和价值等，然后基于这些大的方向和框架进行后续工作。

◆ 内容呈现

内容呈现就是以最佳的编排形式将内容展现在用户面前的过程，主要涉及内容的标题、排版、插图和内容本身等方面。

1. 如何创作吸引眼球的标题

在信息无限丰富和快速更新的移动互联时代，大多数用户都会直接根据文章标题决定是否继续看下去。因此，标题就如文章的眼睛，在很大程度上决定了文章能否对用户形成吸引。总体来看，内容运营者可以通过以下几种方式创作出吸引用户眼球的标题：

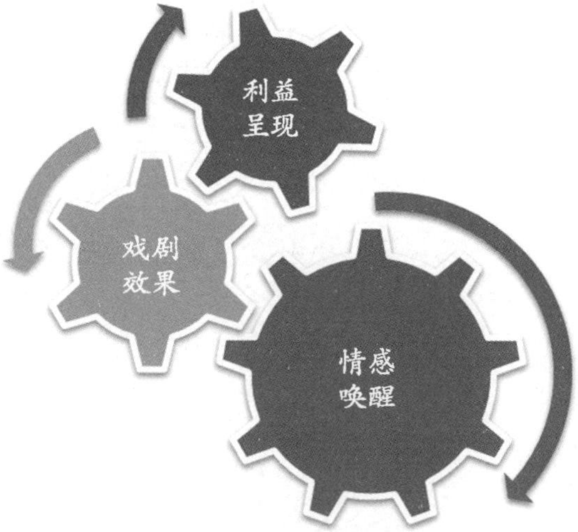

图 13－4 标题的拟定技巧

（1）情感唤醒：标题是内容接触用户的第一个节点，好的标题能唤醒用户情感，激发人们继续阅读的欲望，从而将用户的注意力聚焦到产品内容上。

因此，在拟定标题时，内容运营人员要精准把握用户的深度心理诉求，通过引发人们好奇、浪漫、社交、恐惧等情感体验的标题吸引用户的注意力。此外，那些观点明确或挑战权威观点的标题形式，也容易唤起人们的内在情感，从而获得用户的关注。

比如，《深夜加班狗，没想到这次竟……》等都是容易唤醒人们情感共鸣的标题。

（2）戏剧效果：即标题能够让用户感觉“眼前一亮”，获得某个或某些兴奋点，从而激发起人们继续看下去的欲望。

日常生活的紧张、压抑与平淡使得每个人都或多或少会有某种白日梦般的幻想和潜意识诉求，标题设计时便可利用人们的这种潜在心理需求，通过刻意制造某种反常、不合理性、矛盾冲突等吸引用户的眼球。如《刚毕业的实习狗，如何让工作三年的你下不了台?》《直播睡觉爆红网络，有没有伤到默默无闻的你?》等标题。

（3）利益呈现：在信息无限繁多的情况下，人们对任何信息的获取、阅读都是有相应成本的。因此，如果内容标题能够直指用户痛点，将用户的核心诉求和利益呈现出来，也能够有效吸引用户关注，快速积累核心用户。

其中，标题中的数字显然更有利于让人们直观了解内容价值，帮助用户提炼重点，如《五张图告诉你奔三还单着的感觉会有多糟》《18道工艺锤炼，但我只是张便利贴呀》等类似的标题表述，都更容易引导用户深入阅读下去。

2. 如何选择插图

相比纯文字内容，在文章中合理配上一些插图能够有效缓解阅读疲劳，让人们完整地看完内容。当然，文章中插图的选择必须遵循几个原则：一是图文相关，即图片与文章内容密切关联，而不是随意放几张图片；二是图片质量尽量清晰，能为用户带来舒适的观看体验；三是图片大小要符合文章整体的排版要求。

3. 如何排版

不同个体在审美方面有所不同，因此文章排版也要基于目标受众的审美需求而有所差异。不过，总体来看排版要遵循以下原则：分段，即不能将所有内容都放在一个段落中，而要合理分段，便于用户阅读；保持适当的行间距；字体要大小适中，不应太过花哨。

4. 如何创作优质内容

在“内容为王”的时代，标题、插图、排版等都只是起着引流的作用，要真正留存用户、实现粉丝积累，最终还是要落到内容本身上，需要运营人员创作出优质内容。当前来看，在信息快速流动更新的互联网时代，那些贴近社会热点的内容、能满足人们某种需求的干货类内容等，能更容易吸引用户的眼球。对内容运营人员来说，不论是 UGC 还是 PGC 的内容创作，都必须从用户角度出发，因为只有能为用户带来某种价值的内容，才能称为好的内容。

◆ 内容传播

即内容被创作出来后如何有效传达到目标受众手中。内容的分发传播渠道有很多，如官方网站、贴吧、论坛、微博、微信等。不过，除了首次传播，运营人员还应高度重视二次传播乃至多次传播的价值，因为在“人人都是自媒体”的社会化媒体时代，很多时候二次及多次传播带来的内容推广效果要远高于首次传播。

◆ 内容效果反馈

内容最终传送到用户手中之后，运营人员还要对内容运营效果进行评估反馈，如内容是否在第一时间送达用户，其点击量、阅读量有多少，用户看完内容后有何感受等。这时，就需要用到内容运营的核心工具——大数据分析。

总体来看，内容运营常用的关键数据维度包括单个 IP 地址访问量、页面停留时间、跳出率、点赞量、收藏数等。通过对这些数据进行深度整合分析，运营人员可以及时获取内容运营的效果反馈，发现不足之处，从而有针对性地调整优化内容创作方向或运营策略，为以后的内容运营提供有益借鉴。

PART 4
微信活动篇

- 微信活动营销策划的方法与技巧
- 公众号运营：拉新、留存与促活
- 进阶修炼：微信运营的核心技能

第14章

微信活动营销策划的方法与技巧

微信活动营销策划的三种类型

微信庞大的用户群体和强大的社交传播影响力，使其成为商家或品牌十分青睐的线上活动平台。同时，微信活动形式也并非固定不变，而是拥有巨大的创新想象空间：通过深入了解公众平台现有功能并利用接口自定义开发其他功能，公众号可以策划出更多新颖而富于创意的活动，为用户带来全新的活动体验。

总体来看，常见的微信活动类型主要包括以下三种：

◆ 二维码现场签到活动

通过人工或展架方式引导现场用户扫描公众号二维码成为订阅用户，并给予用户相应奖励。这类活动需要实时监控公众平台，以保证到场用户都已成为公众号订阅用户。

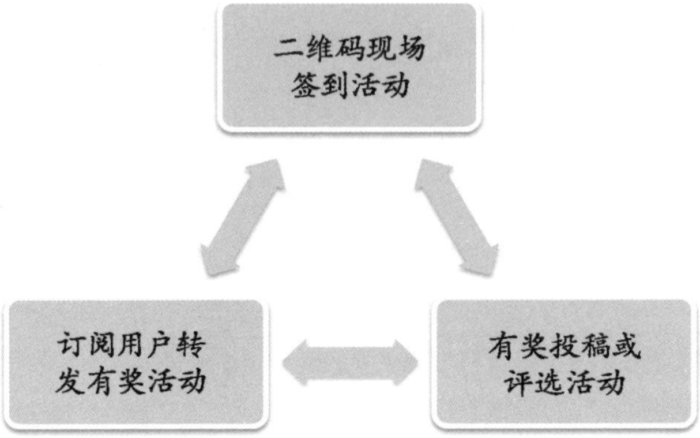

图 14-1 常见的微信活动类型

活动公众号还可以通过接口的开发自动向订阅用户回复一条领奖指引信息，从而让用户体验到人性化的贴心服务。如自动回复一个大转盘抽奖链接，用户点击进入后便可参加抽奖游戏并获得奖品，此外还可以将优惠券、二维码门票等内容整合进来。

◆ 有奖投稿或评选活动

主要是鼓励用户向公众号提交自己的作品或参加某个评选活动，从而既通过 UGC 拓展公众号的优质内容来源，又大幅提高公众号的用户活跃度，提升用户认同感和忠诚度。比如，育婴类的公众号可以举办一个“晒照片赢大奖”的活动，鼓励妈妈们上传自己宝宝的照片，然后由公众号运营人员将这些照片整理后上传到独立的评选页面，让公众号订阅用户进行评选，并对最终胜出的宝宝给予相应奖励。

◆ 订阅用户转发有奖活动

鼓励用户将公众号推送的某条信息分享转发到自己的朋友圈和微群，

然后截图反馈给公众号，即可获得相应的实物或优惠券奖励。微信平台规定朋友圈中图文链接的转发分享次数上限为100次，对此公众号可以鼓励订阅用户将推广的图文内容分享到微群，从而弥补朋友圈转发次数受限的不足。

有奖转发活动能够借助微信平台的裂变式传播，实现短期内公众号订阅用户的爆发式增长。不过，公众号在策划这类活动时应注意处理好两个问题：一是如何让订阅用户方便简单地进行截图，二是如何有效规避订阅用户的作弊行为。

微信活动营销方案的技巧原则

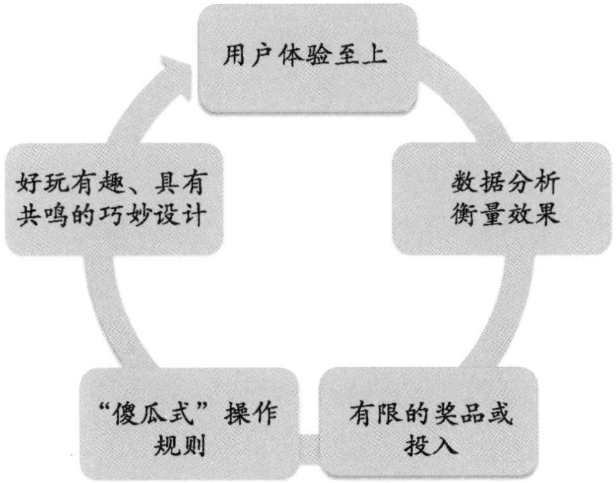

图14－2　微信活动营销方案的技巧原则

微信营销效果与其活动策划的质量密切相关，一个好的微信营销活动方案能有效提升粉丝的活跃度和营销转化率，能通过搜集到的用户信息有针对性地为用户提供服务。另外，通过微信营销活动，品牌还能密切与用户的沟通和交流，增进用户对品牌的认识与了解，增强用户对品牌的忠诚度。通常来说，一个优秀的微信营销活动方案，应该遵循以下几个原则：

◆ 用户体验至上

微信营销活动设计要有明确的目的，并且营销目的要尽可能单一。如果一个营销活动包含了很多营销目的，为了实现这些营销目的必然要增加用户的操作，这样一来反而会让用户产生操作繁琐、操作难度太大的感觉，从而影响用户体验。

比如一个简单的抽奖活动，为了达到增加微信粉丝、给网站带来更多流量的目的，让用户必须先扫描二维码关注微信才能获得活动链接，进而点击登录，再输入手机号获取登录码，最后登录网站进行抽奖。对于用户来说，这个流程太过繁琐，体验效果非常不好。

◆ 数据分析衡量效果

一个优秀的营销活动其效果可以衡量，比如粉丝数量增长了多少，增加了多少流量，产品销量有多少等。如果营销活动不可衡量，那就无法在活动开展的过程中对关键绩效指标进行监测、对活动方案进行优化调整了。比如，活动效果是粉丝数量或网站流量增长了多少，这个效果一定与营销目的相契合。

但在某些情况下，那些容易衡量的效果也不是营销活动的最终目的。比如某微信账号发布了一个有奖转发活动，转发数量比较容易获取，但它不是活动的最终目的，增加的流量或销量才是。

◆ 有限的奖品或投入

活动奖品或投入应控制在合理的范围内。同一个营销目标，A 营销人员花费了 10 万，B 营销人员花费了 5 万，对于 A 营销人员来说，这场营销活动就是失败的。在营销活动中，无论是资金投入还是奖品都必须控制在合理的范围内，否则就会给活动造成风险。

◆ “傻瓜式”操作规则

从用户的角度来看，用户喜欢简单的操作流程，厌恶复杂的流程，归结到底，这是用户体验方面的问题。当然，活动规则与流程是否简单与营销目的的多少密切相关，营销目的越多，活动规则、活动流程就越复杂。

举个例子，某活动只需在微博上转发就能兑换奖品，而某活动在微信朋友圈转发之后要截图才能兑换奖品。面对这两个活动，用户会毫不犹豫地选择第一个活动，因为微博转发就是随手之事，非常简单，相对来说，第二个活动就比较复杂。

当然，如果奖品足够吸引人，用户也会选择规则复杂、流程复杂的活动，但原则上活动规则要尽量简单，或者在活动的每个阶段都给用户一些奖励以刺激用户继续下去。这种活动就好比一场通关升级的游戏，虽然规则、流程比较复杂，但受每个任务完成后的奖励的刺激，用户参加活动的积极性会非常高。

◆ 好玩有趣、具有共鸣的巧妙设计

好玩有趣的活动对用户有非常强的吸引力，有时甚至不用提供奖励，用户也会积极参与，因为在参与这类活动中用户获得了精神上的奖励，

感到异常开心、快乐。比如，凡客体、聚美体等，用户得不到任何奖励也纷纷转发，因为在这个过程中用户获得了愉快的精神奖励。

如果企业的微信营销活动能让用户在参与的过程中获得丰富的精神奖励，用户就会忽略物质奖励，使企业的活动投入大幅减少，这就是有些企业喜欢做公益营销的原因。因为人都有一颗善心，愿意做公益帮助他人，在这个过程中用户能获得极大的满足感与愉悦感，在活动结束之后用户还会自动传播，提升企业的知名度与影响力。

微信活动营销方案的准备工作

在做微信营销方案之前，相关人员必须明确计划与方案之间的区别。简单来说，计划是一个框架，方案是这个框架中的具体内容，比如微信营销的方式、微信营销活动及各种具体的工作安排与工作细节等。

要想制作一份“完美”的微信营销方案，运营人员必须对相关行业进行深入了解或积累丰富的营销经验，否则很难制作出一份优秀的微信营销方案。因此，运营人员必须要做好前期的准备工作：

◆ 微信活动策划的目的

为了保证微信营销方案的实用性，方案制作人员必须对企业开展微信营销的目的进行充分了解。有些企业（比如南方航空、招商银行等）开展微信营销的目的是为顾客提供更加便捷的服务，有些企业（比如杜蕾斯、星巴克等）开展微信营销的目的则是提升产品宣传效果，增加产品销量。

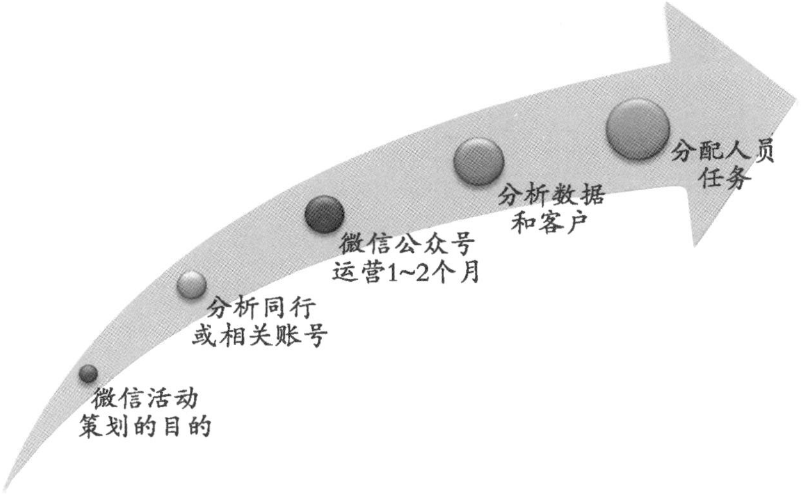

图 14－3　微信活动运营的前期准备工作

◆ 分析同行或相关账号

微信公众号运营者关注的微信公众号中同行的账号极少，所关注的账号基本上都是一些自媒体或讲微信营销技巧的账号。事实上，同行是最好的老师，通过关注同行的微信公众号可以有很大的收获，比如获取一些比较成功的运营方式、一些有创意的内容布局，从而提升运营效果。

所以，微信运营人员在制作微信营销方案之前可以关注一些同行的微信公众号，查看他们对订阅号与服务号的使用情况，使用率最高的账号类型有哪些，已形成成熟的运营模式的账号有哪些，关注这些账号的动态，了解它们的运作方式、活动安排，详解它们的活动文案，以制作一份成熟、完善的微信营销方案。

如果所处行业还没有类似的可学习、可借鉴的微信账号，就可以关注一些行业大号。

◆ 微信公众号运营1～2个月

方案与计划不同，计划可以预估，但方案必须落实到具体的细节中去，包括账号运营的工作安排、每天的运营任务与运营活动、运营的具体分工等。要制作这样一份详细且具体的微信营销方案，运营人员必须花费一些时间来收集充足的信息，而收集信息最好的方式就是运营微信账号。

营销渠道不同，适用的运营方式也不同，因此运营人员要根据微信营销的特点选择合适的营销方式，最好先运营1～2个月，对微信营销方法进行充分的了解，以构建一套成熟的微信运营方案。

如果运营人员对微信营销一无所知，就可以直接套用同行的微信运营模式，通过1～2个月的运营，根据自己微信公众号的特点对营销方案进行调整。在这1～2个月的时间里，运营人员最好向公司申请一些资源来开展一些营销活动，比如朋友圈转发送好礼，带朋友到店消费获奖励等，以活动来支持微信营销。

另外，微信运营人员还可以与客户互动，当然，这里的互动指的不是运营人员提出问题、客户回答问题。这里的互动指的是运营人员要用官方账号带动用户交流，增强与那些拥有共同想法的人的互动。简单来说，互动就是增进与客户的感情。

为了达到这个目的，获得更多粉丝，运营人员可以和与自己互补的同行业的账号达成合作，在自己的文章底部推送他们的账号，同时在他们的文章底部添加自己的账号。

◆ 分析数据和客户

在微信公众号运营1～2个月之后，运营人员就可以总结这段时间的运营情况了，比如分析文章的阅读量与转发量，归纳备受用户喜爱的文章类型，对用户反馈、互动情况、活动参与情况及活动效果进行分析，并对微信运营给公司业务带来的帮助进行有效评估等。对这些分析数据进行整理，生成一个报表，并为每组数据写总结，比如通过分析发现某种类型的文章转发率、阅读量都很高，就要在以后的运营中适当增加一些这种类型的文章。

◆ 分配人员任务

经过1~2个月的运营，对于工作与任务安排、绩效考核评定等内容，运营人员都会有所了解，要根据运营人员的特长为其安排合适的运营任务。关于绩效考核，公司可以文章阅读量与转发量、用户信息查询量、互动效果、活动效果等为标准来对绩效进行评定，当然为了减轻运营人员的工作压力，保证运营效果，最好不要太快将销售业绩纳入绩效考核体系。更何况，有些账号只有一名运营人员运营。

微信营销活动方案的撰写内容

◆ 竞争对手分析

很多微信营销方案的开篇都是前言，其内容包括微信的用户量，微信营销能为企业带来的益处，感谢领导指导等。对于微信营销来说，这些内容毫无价值，很多时候会被领导直接忽略。为了不浪费版面，提升方案的整体价值，吸引领导的注意力，最好在开篇撰写竞争对手分析，包括竞争对手的产品或服务的推广方式等。只有这些有价值的内容才能吸引领导的注意，让领导认真阅读方案。

◆ 微信给企业带来的价值

方案的第二部分要撰写微信给企业带来的价值，“企业”要写企业的全名，以让企业领导产生量身定制的感觉。在这里，运营人员要对企业可以采用微信营销的产品或服务作出说明并予以分析；要与企业竞争对手的微信账号进行对比，在账号类型方面给出科学的建议，在这部分最好加入前期运作的数据分析；最后，要条分缕析地阐述微信营销可为公司带来的好处，比如提升销售业绩、增强客户维护效果等。

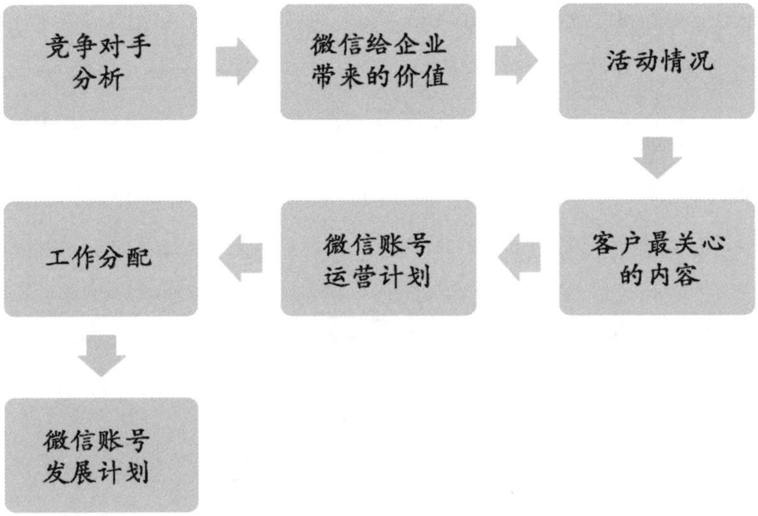

图 14－4　微信营销活动方案的撰写内容

◆ 活动情况

方案的第三部分要对微信活动效果、客户转化率、报名人数等进行具体阐述，对其进行详细分析，明确哪些部分需要继续保持，哪些地方需要改进完善，公司接下来要利用微信开展何种营销活动等。在整个微信营销方案中，这部分内容是重点，一定要尽量详细，为接下来微信活动申请更多公司资源提供方便。

◆ 客户最关心的内容

方案的第四部分要阐述一些客户关心的话题，比如客户希望产品具有哪些新的功能，希望哪些服务环节得到完善，客户投诉最多的问题有哪些，哪些地方可以改进等。这些问题往往是企业领导最关心的问题，能给企业带来不一样的价值。

◆ 微信账号运营计划

这部分内容包括微信账号的内部栏目设计、微信营销方式与运营方式等，比如微信账号每天要发布的文章类型，自定义菜单要安排的栏目类型，各个栏目要安排的内容，这些内容能发挥的作用，微信账号的推广方式，微信营销活动的开展方式等。当然，在这里最好列出几个近期要做的活动，申请活动支持。另外，还应阐明是否需要购买微信第三方系统。

为了能够顺利地申请运营活动所需费用，运营人员最好制作一个费用列表，让领导对微信营销所需费用有所了解，做到心中有数。当然，运营人员最好在费用列表上对各项费用的重要性进行标注，将重要与不重要的费用区分开，以便运营人员能更顺利地申请活动费用。除此之外，运营人员还要列出微信营销活动开展需要哪些部门配合，以便领导能帮忙做好事前沟通，让各部门更好地配合活动开展。

◆ 工作分配

如果从事微信运营工作的是一个团队，就要在微信营销方案中明确每个人的工作职责，每天需要做的工作内容，绩效考核等。即便微信运营人员只有一个人，也要将这些内容完整地呈现出来。因为要让企业领导了解微信运营人员每天在从事什么工作，以免企业领导给微信运营人员安排一些与微信营销无关的工作，影响微信营销效果。当然，这部分内容必须实事求是，不能欺瞒领导。

◆ 微信账号发展计划

这部分内容是对微信账号未来粉丝增长量，微信营销为公司业务及产品销售带来益处的一个预估。微信账号发展计划最好以表格的形式呈现出来，对每隔 3 个月微信账号会发展到的程度进行简单说明。

微信营销活动方案的注意问题

微信活动的最终目的是吸引和留存更多用户，提高用户活跃度和黏性，以便为后续的各种商业化动作奠定坚实基础。因此，成功的微信活动首先要求公众号运营人员对微信平台有一个全面充分的了解，并能精准地为目标用户画像，然后从订阅用户的角度出发进行有创意的活动策划，让活动“接地气”，如此才能有效吸引用户参与互动。

同时，微信活动策划涉及活动推广、效果预期、主题设置、环节设置、内容策划、奖项设置、效果评估等诸多方面，公众号运营人员必须将每个环节都处理好，才可能取得活动成功。

以活动推广环节为例。某美容医院策划微信活动时，海报设计就不太合理：不仅将微信公众号二维码放到了不容易被看到的海报底部的右下角，而且旁边的文案内容“拍一拍，拿优惠”也显示活动运营人员并没有充分了解微信平台。

微信平台中只有“扫一扫”功能，并没有“拍一拍”的设置，因此该文案很容易让用户摸不着头脑。特别是对一些不熟悉和不经常使用微信的用户来说，文案中的“拍一拍”很可能使他们以为不是微信公众号二维码，自然也就不会去扫描和添加好友。这是活动策划“不接地气”的典型表现——没有真正从目标受众的角度出发全面细致地考虑活动的各个环节。

微信已成为移动互联网时代最重要的流量入口，也是商家或品牌整合对接线上线下的重要平台渠道。这要求微信活动策划人员不仅要对微信平台有着全面充分的了解，能够利用现有功能和接口的自定义开发进行新颖创意的活动策划，而且还要具备较强的线下活动与线上活动策划能力。

有了完美的活动策划，接下来的关键是通过高效有力的线下执行促成活动顺利落地，这也是很多商家或品牌经常忽略的一环，从而导致好的活动策划没能取得预期效果。以品牌餐饮连锁店为例，很多商家都会在店面门口的海报上或餐桌的一角贴上微信公众号二维码，但由于服务人员没有主动介绍和邀请顾客扫描并指导他们操作，结果是顾客虽然注意到了公众号二维码，却很少拿起手机扫描添加关注。

对此，品牌或商家需要通过有效的激励机制和手段让服务人员参与到微信活动之中，比如将服务人员邀请到的关注公众号的顾客数量纳入他们的绩效考核指标体系，从而通过全员参与保证线下推广的有效开展，获取预期的活动效果。

值得提醒的是，在微信活动策划的过程中，运营人员应该着重注意以下几个问题：

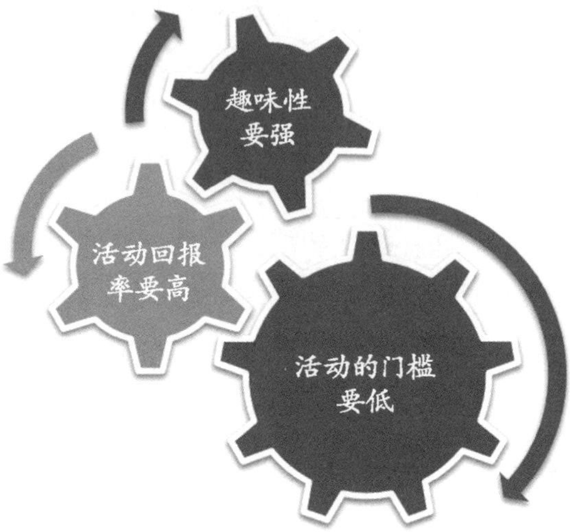

图 14－5　微信活动运营人员需要注意的问题

◆ 活动的门槛要低

微信营销活动要根据自己的目标人群尽可能地降低参与门槛。微信营销活动最好面向初级用户，因为初级用户的规模比较大，高级用户的规模比较小，并且初级用户参与活动的热情比较高，高级用户参与活动的热情比较低。除此之外，门槛低还意味着活动规则要尽可能的简单，因为活动规则越复杂，参与人数就越少。

◆ 活动回报率要高

微信营销活动要让参与用户得到一定的利益回报，活动的回报率越高，让用户得到的利益越多，用户参与活动的积极性就越高。活动奖励可以是物质奖励，也可以是精神奖励。因为，现在的微信营销活动越来越多，面对各种各样的活动奖励，用户早已司空见惯，要想吸引用户的注意力，就必须设置一些有特色、有吸引力的奖励，并提升中奖率。

大奖虽然对用户的吸引力较强，但中奖率太低，难免打击用户参与活动的积极性。因此，在设置大奖的同时，也要设置一些中奖率较高的小奖，以吸引更多用户参与。

◆ 趣味性要强

微信营销活动要增强自身的趣味性，活动越有趣，参与活动的人才会越多，活动氛围才能得以有效构建。在这个全民娱乐的时代，一些非常有趣的活动，即便没有奖品，用户也会积极参与，只为获取一些开心、愉悦的体验。

微信活动营销方案的案例实践

近两年，随着微信的发展，微信活动营销已成为一种最热门的营销方式，出现了很多经典案例。通过对这些案例进行分析，我们可以学到很多与微信营销策略有关的知识，掌握更多微信营销活动策划方面的技巧，对企业的经营模式有更深入的了解。

◆ 杜蕾斯微信活动营销策略

杜蕾斯的微博营销已成为一个经典案例，随着微信的崛起与发展，在微博上声名鹊起的“杜杜”将营销活动延伸到了微信平台，并开启了“杜杜小讲堂”“一周问题集锦”等栏目。在杜蕾斯各大经典的营销活动中，最广为人知的当属其在2012年12月11日推出的免费福利活动。

2012年12月11日，杜蕾斯在微信平台推送了一条活动消息：杜杜已随机选择了十名用户为其送上新上市的魔法装一份，另外十份魔法装会在 22 点前送出，用户只需回复“我要福利”就能参与活动，就有可能被杜杜抽中获取一份魔法装，获奖名单杜杜会在第二天公布。就是这样一个活动，短短 2 小时内就获得了几万条“我要福利”的回复。杜蕾斯用 10 盒魔法装换取了几万粉丝，这个营销活动不可谓不成功。

杜蕾斯的这场营销活动将微信活动营销的实力充分展现了出来，因为免费的福利总能吸引广大受众的注意。

◆ 微媒体微信：关键词搜索 + 陪聊式营销

微媒体微信是最早注册并完成实名认证的一个微信公众号，迄今为止，该账号一直在分享、传播与新媒体营销策略有关的思想、方案、工具、案例和微博营销策略方面的知识与案例。微媒体微信有一个非常重要的功能就是关键词搜索。

用户只要订阅该账号就能获取信息，这个账号每天只推送一条信息，有的用户想获取更多信息，比如看更多营销策略案例，了解一些新媒体的现状等，那要怎么办呢？为了解决这个问题，微媒体推出了关键词搜索功能，订阅该账号的用户只需发送关键词就能获取自己需要的内容，比如发送“营销策略案例”就能获得与营销策略案例相关的内容，发送“微博”就能获得与微博营销有关的内容等。

除此之外，微媒体还提供陪聊服务，用户发送关键词可以与微媒体聊天，比如发送“美女，你好”，微媒体接收到该信息后会自动认定用户想聊天。对于想要表达、发泄的用户来说，这是一个很好的选择。

◆ 星巴克：音乐推送微信

经过多年的发展，微信的功能已非常强大，不仅能识别、回复关键词，还能识别表情、回复音乐，这就是星巴克的音乐营销策略。

用户搜索星巴克的微信账号或扫描星巴克的二维码，就可以发送图片来表达自己的心情，星巴克的微信会通过识别这些图片对用户想要表达的心情做出判断，从《自然醒》专辑中选择一首合适的音乐回复给用户。

以表情代替文字与语言正是星巴克音乐营销策略的亮点。该营销策略的成功再次证明只要有创意，微信就会有强大的生命力。

◆ 头条新闻：实时推送

微信是一种新媒体，自然具有媒体传播的特性，无论微信团队如何弱化微信的媒体属性，这种媒体传播特性都会一直存在。在微信营销策略方案中，头条新闻是一个非常经典的案例，信息及时推送是最大的亮点。每天下午六点，头条新闻都会准时推送一条重大新闻，订阅用户无需在海量信息中搜索就能获知最近发生的大事、新鲜事。

头条新闻之所以选择下午 6 点推送信息，是因为头条新闻的用户多是上班族，这个时间刚好是下班时间，用户在下班回家的路上看看当天发生的大事、新鲜事，不仅能放松心情，还能了解时事，一举两得。

◆ 小米：客服营销策略方案“9:100 万”

小米在新媒体营销方面也有一些非常经典的案例。以“9:100 万”粉丝管理模式为例，小米微信账号后台只有 9 名客服人员，这 9 名客服管理着小米 100 万的粉丝，每天要回复 100 万粉丝的留言。这 9 名客服每天的工作内容就是，上班打开电脑，打开小米手机微信账号后台，查看粉丝留言，回复粉丝留言。

小米的微信后台是自己开发的，有自动抓取关键词回复的功能，但为了增强粉丝对品牌的忠诚度，小米微信账号的后台客服人员还是选择一对一人工回复。这种人工回复信息的方法不仅增强了用户对小米的忠诚度，还为小米带来了很多好处，比如降低了客户关系管理成本。过去，小米要开展一项活动，要想通知粉丝就要群发短信，100 万条短信要花费 4 万元，而通过微信客服告知用户活动内容，成本要比 4 万元低很多。当然，微信客服给小米带来的好处不止如此，这只是其中一点而已。

◆ 招商银行：爱心漂流瓶

很多商家在微信漂流瓶中发现了商机，于是商家开始通过扔漂流瓶来做活动，将活动信息放在漂流瓶中，将瓶子扔出去，捡到瓶子的用户捡起瓶子就能看到活动内容。采用这种活动营销方式，在活动期间漂流瓶数量会大增，用户捞瓶子的频率也会大增。

招商银行就采用这种方式推出了一个微信营销活动——爱心漂流瓶活动。招商银行扔出漂流瓶，微信用户捡到漂流瓶后回复，招商银行就会通过“小积分，微慈善”平台帮助自闭症儿童进行治疗。有媒体统计，在这项活动开展期间，用户捡到招商银行漂流瓶的概率大概为 1/10，也就是说，每捡 10 次漂流瓶就有 1 次会捡到招商银行的漂流瓶。

◆ 凯迪拉克：仅限“66 号公路”播报路况

现如今，路况播报并不是一件新鲜事，并且在很多人看来，路况播报是交通广播的工作。为了做好营销，凯迪拉克在微信中推出了一个名为“66 号公路”的活动，实时播报路况，为人们出行提供方便。凯迪拉克的这项活动显然是与交通广播正面对抗，但幸好凯迪拉克只播报 66 号公路的路况，不仅减少了交通广播对它的敌意，也有效避免了因大范围播报导致信息滞后的情况发生。

◆ 1号店：游戏式营销策略方案

为了做好微信活动营销，1号店从 Draw Something 这个游戏 App 中获取灵感，将游戏与微信活动营销相结合，推出了一个名为“你画我猜”的活动。用户关注1号店的微信公众号，每天都会收到1号店推送的一张图片，用户猜测图片内容并发送答案，如果答案正确且没有超出规定的获奖名额就能获得奖品。

因为结合了游戏，所以1号店的这项活动吸引了很多用户参与，其中很大一部分用户参与活动的目的并非获奖，而是体验猜中答案的乐趣。

◆ 南航：服务式营销策略方案

为了适应互联网的发展，南航（中国南方航空公司）建设了自己的网站；现在，为了适应微信的发展，南航开通了微信账号。“对于南航来说，现在的微信就和15年前的网站一样重要。”这是南航总信息师胡臣杰对微信的认识。现在，微信早已成为南航的一大服务平台，另外四个服务平台分别是网站、手机 App、短信、呼叫中心。

但是南航对微信的定位并不是营销策略方案，而是一种沟通渠道。2013年南航注册的第一个微信账号就在国内率先推出了微信值机服务。后来，南航微信账号的功能不断完善，增添了机票预订、里程查询、登机牌办理、里程兑换、航班动态查询、出行指南、机票验真、城市天气查询等多种功能，为用户乘机出行提供了极大的方便。

通过上述案例分析可知，无论何种领域的何种品牌都能借微信平台实现成功营销，关键在于能否明确自己的定位，能否根据自己的用户群找到一种最合适的营销方式。只要对微信平台进行有效利用，它就能给品牌带来极好的营销效果。

第15章

公众号运营：拉新、留存与促活

定位：明确公众号的运营方向

“拉新”“留存”和“促活”是评估微信公众号运营状况的三个重要指标。其中，“拉新”是寻找并吸引新目标用户关注自己的公众号；“留存”是指长久黏住已有用户，让用户保持对公众号的持续关注，避免用户流失；“促活”则是通过各种手段保持甚至不断提高公众号的用户活跃度。

对一个初创的微信公众号来说，如果运营人员能够做好拉新、留存和促活三个方面的工作，则必然能够促进公众号的快速、良性、长远发展。

简单地讲，“拉新”就是寻找和发现目标用户，然后通过推荐、内容、活动等方式吸引用户眼球，促成他们关注公众号。这一过程中，运营人员需要把握好以下三个关键点：

微信公众号运营首先要解决定位问题，包括品牌定位、用户定位和内容定位三个方面，如此才能使后续的运营策略、内容策略、活动策划等具有明确方向。

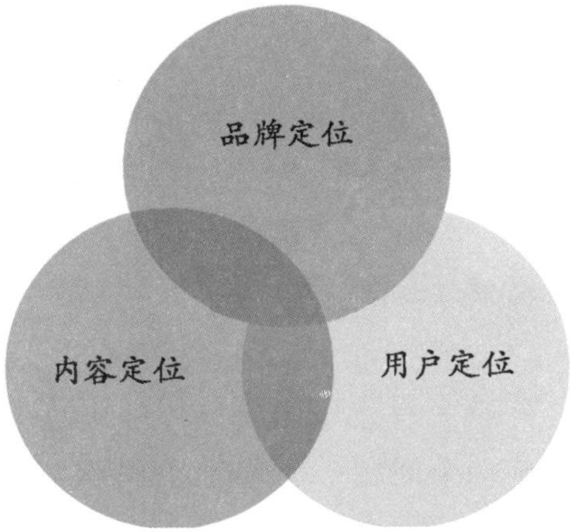

图 15－1　微信公众号的定位分析

◆ 品牌定位

公众号的成功运营首先需要进行明确的品牌定位，可分为品牌形象和品牌调性两个方面。其中，品牌形象是指公众号的名称、图标、简介、顶端与底端关注、正文中插入的特殊符号、菜单栏的布局和内容等向用户呈现的视觉元素。

品牌调性则是指公众号的内容运营及相关视觉元素，主要是通过推送的内容向用户展示公众号的个性特质和鲜明特点，占据用户心智，如“顾爷”“故宫淘宝”等都是品牌调性十分鲜明的公众号。

从拉新角度来看，用户关注公众号的原因无外乎两点：一是出于对内容的认可，即公众号推送的某期内容或历史消息获得用户认可，为他们带来了某种价值，使用户愿意关注公众号；二是公众号的品牌形象为用户带来了新颖独特的视觉体验，从而引发用户对公众号的兴趣和关注。

其中，持续稳定的优质内容输出是重点，因为新颖创意的品牌形象容易被复制模仿，但融入品牌文化和价值理念的优质内容却很难复制，能够向用户展现鲜明独特的品牌调性，从而吸引并维持用户对公众号的长久关注。因此，对于初创的微信公众号来说，成功运营的第一步是做好品牌定位。

◆ 用户与内容定位

除了品牌定位，公众号运营还需做好用户定位和内容定位。对此，运营人员需要首先明确一个问题：是通过内容定位用户还是通过用户确定内容？

这个问题并没有明确的答案，需要运营人员根据公众号的特质类型具体分析：品牌类的公众号，由于品牌具有明确的目标消费群体，因此需要根据目标用户的特质、需求和喜好进行内容创作与输出，从而吸引用户的关注。自媒体类的公众号，由于每个自媒体擅长的内容方向和专业领域不同，因此这类公众号主要是根据内容寻找和定位目标用户。

需要注意的是，不论是通过内容定位用户还是根据用户确定内容，都应以用户为中心、从用户需求出发进行内容创作与输出。只有提供符合需要、能为用户带来独特价值的内容，才能赢得用户的认可和信任，促成他们关注公众号。

此外，公众号的内容定位和用户定位应坚持“小而美”的原则，即专注于一个方向领域深耕内容。从内容角度来看，将精力资源聚焦在一个领域，有助于将内容做精、做细、做专，塑造自身的专业形象，从而在用户心中占据一席之地；从用户角度而言，在内容严重过剩的互联网新媒体环境下，用户更青睐那些专业的有价值的优质内容。

受众：把优质内容传递给用户

完成公众号定位后，公众号的内容方向、运营策略、目标受众等也就基本确定下来。从“拉新”角度来看，下一步就是要确定目标用户的具体位置并制定最适宜的内容推送策略以吸引用户关注。

常用的免费推广方式有很多，例如，朋友圈或微信群转发分享（包括内容和名片推荐），与其他微信大号进行资源置换或互推，在传统媒体平台注册专栏并进行信息同步，借助微博、QQ 群、知乎、贴吧、论坛等进行跨平台和跨界推广……

从社交媒体渠道来看，由于每个用户都不是只使用一种社交工具，导致注意力呈现碎片化、移动化的特点，即用户注意力分散在众多社交媒体平台并在各媒体间不断转移。对公众号运营而言，要想获取更多用户关注，实现“拉新”目标，首先必须从海量信息中“突围”出来，让用户能够看到自己。对此，公众号可通过多平台分发信息的方式提高目标用户看到自己信息的概率。

在进行信息多平台分发时，运营人员应结合目标受众的触媒习惯（活跃时段、媒体偏好等）和不同社交媒体平台的特点，制定最适宜的内容推送策略，尽可能使每个平台分发的内容都可以被目标人群有效接收。

不过，这对于初创的公众号而言显然并非易事。媒体平台的不同特点决定了用户在不同平台中的阅读习惯、活跃时段等也会有所不同，需要采用不同的内容分发策略，从而占用大量时间精力，甚至对内容的创作沉淀造成一定影响。因此，在多渠道内容分发方面，运营人员应尽量选择自己熟悉、比较便利的社交媒体平台。

确定目标人群具体位置后，接下来就要考虑如何将信息成功传送到他们手中，引发他们对公众号的兴趣和关注。信息分发传播的方法有很多，最常用且比较有效的手段是活动引流。比如，用户将公众号推送的信息分享转发到朋友圈或微群，并将相关截图回复给公众号，便可领取礼品或优惠券。

一般而言，用户关注某个公众号的最根本原因是认可公众号的内容，能从中获得某种价值。从用户角度来看，他们在对公众号进行关注前可能首先会完成两个动作：

（1）发现并认可公众号的内容。这对公众号运营的意义在于，选择最佳的内容发布时间和平台，如在用户使用社交媒体的活跃时段以及选择权威平台分发内容，都会增加公众号被关注的机会；同时，内容标题应新颖独特、吸引眼球，能够激发用户点击阅读的欲望。

（2）用户在众多信息中发现并认可公众号推送的内容后，接下来便会查看公众号的历史消息和内容介绍等，了解公众号的品牌定位，如果是自己感兴趣或符合需要的便会关注。

此外，用户完成关注的方式多为扫描公众号二维码、直接搜索公众号名称、通过相关内容页的提示入口等。从这一角度来看，推送内容的页面中应设置显眼的关注入口（如在顶端或底端附上公众号二维码），以便用户阅读并认可内容后可以很简便地完成关注动作。

引流：用户留存与促活的技巧

对微信公众号来说，最理想的状况是关注了自己的用户能够一直留下来，保持长久黏性，成为高忠诚度的粉丝用户。从用户角度而言，人们愿意长久地关注一个公众号的根本原因是后者推送的内容始终是他们感兴趣的，能够带来某种价值。因此，公众号运营中用户留存环节的关键是精准为用户画像，及时、全面、准确把握用户需求和痛点，进而持续稳定输出用户需要的有价值的优质内容。

实现持续稳定地输出优质内容的最佳方法，是公众号深耕自己擅长的内容方向和领域，专注于一个领域将内容做精、做深、做专，从而既保证输出内容的统一性和调性，呈现鲜明的品牌形象，又便于对用户的认知和管理。

此外，做好以下几点也有助于实现公众号的用户留存：适当增加一些互动性内容，如投票、评论功能，让用户参与到内容价值链中，增强他们的认同感和归属感；定期或不定期地策划一些活动，为用户创造新的体验和价值，让用户保持新鲜感，减少同质性内容产生的审美疲劳；制定合理的内容分发策略，如内容发布的时间、更新频率等；注重内容的排版架构，不断优化用户的阅读体验等。

从公众号运营的角度来看，留存与促活具有一定的相通性：活跃度高，意味着用户与公众号或其他用户有着更多的沟通交互，因而愿意继续留存在公众号上；同样，那些长久留在公众号上的用户，大多也都比较活跃，有助于带动公众号整体的用户活跃度。

通常来看，公众号中用户不活跃的情况可分为三类：一是用户本身不活跃，没有时间去看公众号的内容，属于价值不大的“僵尸粉”；二是公众号推送的内容被海量信息“淹没”，导致用户无法看到；三是内容标题没有吸引力，质量也不好，用户主动忽略甚至取消关注。

运营人员可以从以下几点着手保持和提高公众号的用户活跃度：

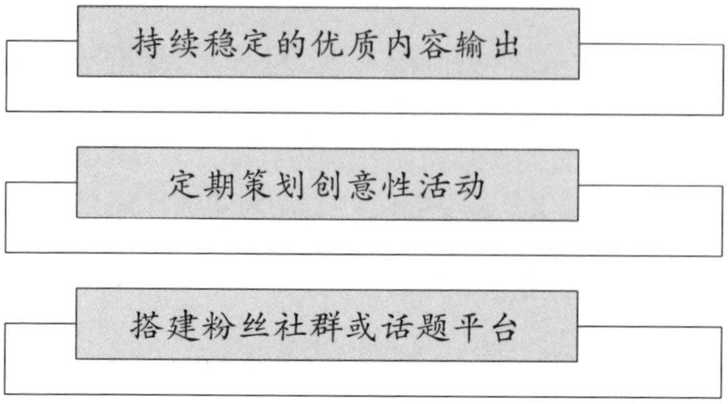

图 15－2　微信公众号提升用户活跃度的技巧

（1）持续稳定的优质内容输出。这是促活的基础，因为用户关注公众号主要是受内容吸引，如果公众号每期推出的内容都能击中用户的兴趣点、需求点和尖叫点，为用户创造价值，那么必然会使用户对公众号推送的内容形成期待心理，第一时间关注和阅读。

（2）定期策划创意性活动。不论内容如何优质，长期推送同质性内容必然会让用户产生审美疲劳，这就需要运营人员定期策划一些新颖有趣的活动，回馈给用户一些创意性的礼品或优惠券，为用户带来新鲜体验。

（3）搭建粉丝社群或话题平台。有条件的公众号可以在微信菜单栏中创建一个专门的版块搭建微群，鼓励引导用户在粉丝社群中积极发言、讨论相关话题或参与活动，从而保持并不断提高公众号的用户活跃度。

推送：公众号的内容推送技巧

越来越多的商家和品牌开始在微信上建立公众号，借助后者庞大的用户基数和强大的社交传播影响力推送内容、策划活动，从而实现用户吸引留存、粉丝培育沉淀和流量转化。不过，从实际情况来看，绝大部分微信公众号的日常推送和活动策划都没能获得预期成果，这是因为成功的微信公众号运营需要做好以下几点：

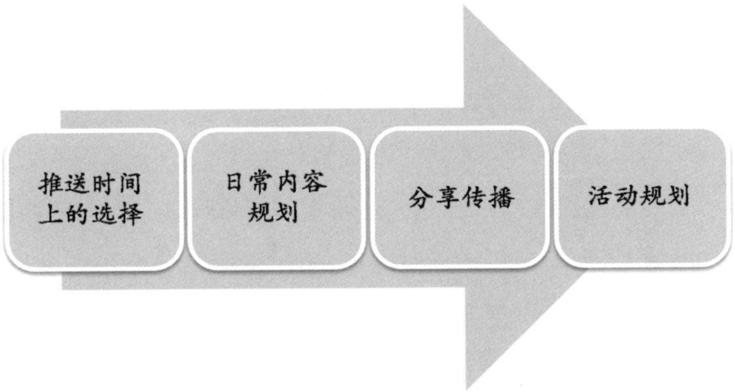

图 15－3 微信公众号的内容推送技巧

◆ 推送时间上的选择

微信公众号日常推送需要区分工作日和休息日。工作日的最佳推送时间是晚上 9 点以后，这时用户已经回到家，手机连接上 Wi－Fi 但还没有休息，因此有充足的闲暇时间浏览推送的内容，且 Wi－Fi 网络环境下也能够获得更流畅的文字、图片或视频体验。同时，即便用户晚上没有及时阅读推送内容，通常也会在次日上班途中将其作为消磨时间的方式进行阅读。

周末休息时的最佳推送时间一般为早晨 7 点至 8 点，因为周末歇班时人们多有赖床的习惯，会躺在床上刷微博、刷微信，这时进行内容推送，微信平台会根据时间顺序将自己的公众号排在前面，从而提高用户点击率，且公众号折叠后也不会因为震动或声音提示打扰用户早晨的睡眠。

◆ 日常内容规划

随着微信公众号的爆发式增长，用户每天都会接收到海量信息。因此，公众号只有对日常内容进行合理规划，根据自身特质和状况推送优质内容，塑造特定领域的专业权威形象，才能获得用户认可与信任，而不能只是追随热点话题和领域进行内容输出。

比如，女装类公众号应该以传递最新时装资讯、分享穿衣搭配知识为主，并借助微信平台巨大的社交传播能力进行新品发布，分享买家秀。同样，美食类公众号应主要向用户分享一些美食资讯和健康食谱，并在这些内容中合理嵌入产品促销信息。

公众号的群发推送形式主要包括单图文、多图文、语音和视频，每种形式都有各自的特点：单图文有利于信息的集中传播，适合推广促销信息；多图文的目标受众更广，可以在一次推送中覆盖不同需求的用户；语音内容具有人格化特质，能够拉近与用户的距离，增强与用户的亲密感；视频形式比较耗费流量，常用于企业价值、文化等方面的传递。

◆ 分享传播

微信平台的信息传播形式属于裂变式传播，基于庞大的用户基数和高频社交互动，微信传播的速度、规模、到达率、精准度等都很高。同时，与商家推送的信息相比，朋友圈中熟人分享的信息更容易赢得用户的认可和信任。因此，公众号运营的关键一环是通过持续稳定的优质内容输出培育高黏性粉丝用户，然后借助这些核心用户的分享传播实现内容的大规模、快速扩散。

相关研究指出，“精准的流量 + 吸引人的标题图片 + 优质的内容”是微信公众号成功运营的有力保障：粉丝质量决定了公众号的打开率，图片标题的吸引力决定了推送内容的点击率，内容质量则影响着用户的转发分享意愿。

◆ 活动规划

如果公众号只是单纯输出一些同质性内容，即便质量过硬，时间长了也难免会让用户产生审美疲劳，导致活跃度降低甚至用户流失。因此，除了保持稳定的日常内容推送，公众号还应定期策划一些新奇有趣的活动，为用户创造全新体验，以增加互动，保持用户活跃度。

1. 活动频率

公众号活动要有明确的周期，如每一周、两周或者每月举行一次，这样既符合用户的记忆习惯，也会让用户形成一种期待心理，从而潜移默化地培育出用户阅读推送的习惯。每周举行一次，通常是周一上线活动，周五公布结果；同样，每月举办一次活动，也是月初推送，月末公布结果。

此外，每期活动结束公布获奖名单时，公众号运营人员应顺势向用户预告下期活动，这样既能起到承上启下的作用，又可以让没中奖的用户产生期待。通常来说，当用户参加了 2 ~ 3 次活动后，便会在潜移默化中形成阅读推送内容的习惯，从而大大增强了用户黏性。

2. 活动形式

策划活动的目的是为了更好地吸引和留存用户，培养用户阅读推送的习惯，因此活动既要对用户有足够的吸引力（活动新颖、奖品丰厚等），又要符合商家或品牌的利益。大致来看，较为常用的活动形式有：

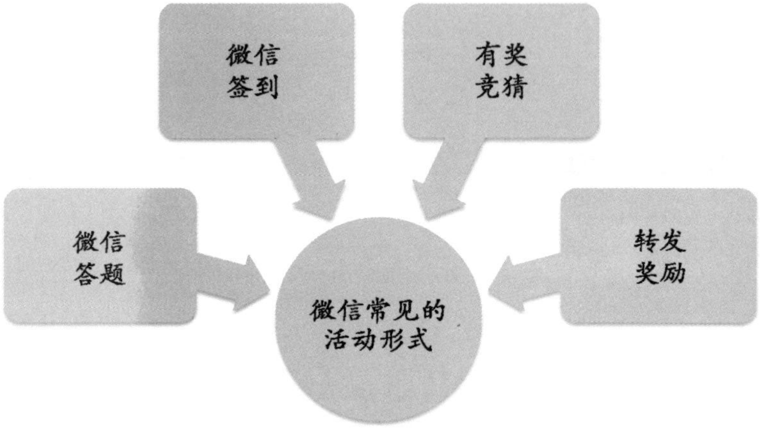

图 15－4　微信常见的活动形式

（1）微信答题：这种形式的活动中，提出的问题最好与品牌相关，以便用户在网站搜索答案时可以浏览更多品牌相关信息，深化品牌印象，提高品牌认知度。

（2）微信签到：通过有效方式吸引用户持续进入公众号，如连续签到满五天可以获得小礼品或者优惠券。

（3）有奖竞猜：让用户猜谜或预测赛事（如足球比赛）结果，答对即可获得奖品或优惠券。

（4）转发奖励：主要是通过有诱惑力的丰厚奖励（礼品、优惠券等）鼓励用户将公众号推送内容转发分享到朋友圈，以便借助微信的裂变式传播实现品牌知名度的快速扩散。

宣传：确保营销活动执行到位

◆ 所有执行操作都要验收

在宣传层面要设计一个验收制度，有些宣传由运营部门直接负责，有些宣传由其他部门负责，都非常容易发生错误，比如因广告位未监督导致宣传工作发生失误。为了避免这种失误出现，公司要设计一个验收制度，让市场人员在广告位上线后将相应情况截图汇报。

宣传部门亲自负责的宣传活动都有可能发生失误，更遑论其他部门执行的宣传活动。将宣传活动交由其他部门负责，即便在沟通的过程中达成了一致的宣传方案，但在实际执行的过程中方案往往不会保质保量地落实。

另外在运营方面，很多运营人员都有一些坏习惯，比如将“操作完运营工具”视为运营活动的结束，一旦出现任何问题都将原因归咎于工具不利，将自己的责任推卸得一干二净。事实上，运营活动要以线上展示效果验收结束，要对上线后的实际运营效果进行评价，包括排版情况、图片的清晰度、有无错别字、有无红叉、有无拉伸等。

◆ 未掌握的至少要过一遍

线上活动宣传人员必须了解所有宣传渠道，尽量做到熟悉、掌握。虽然每次宣传活动都不需使用所有的宣传渠道，但在内容设计、使用方式方面，每种宣传渠道都有自己的特性，宣传人员只有通过实践才能对宣传渠道的这种特性产生全面且深入的了解。

文案设计也是如此，文案包含了大量心理学方面的知识，只有经过大量实践才能掌握文案设计技巧，才能根据实际的场景从一个销售类活动中提炼出多个卖点，然后再根据卖点设计出多元化的文案。

将所有信息传输渠道从头到尾过一遍有利于活动宣传人员熟悉框架，对其进行科学的归类，留意文案背后隐藏的策略，积累充足的经验。一旦有需要就可从大脑中将相应的知识框架调动出来，用来解决相关问题。

◆ 学习归纳总结，刻意练习，迭代认知

随着时代的发展，认知在不断迭代更新。现如今呈现在人们面前的内容在过去的时间里经过了无数次的迭代更新。所以，活动宣传人员、运营人员要想不断成长，就必须打破自己的习惯，走出自己的舒适区，不断挑战自己的能力，不断学习、吸收新知识、新理论，然后将这些新知识、新理论用到实践中，不断练习直到熟练掌握，将学习区变成自己的舒适区。

在活动宣传层面，有句话特别有道理：在同等资源下比智力，在同等智力下比资源。

以一个拥有财力优势的公司与一个资源有限的公司为例来对比：

公司	宣传渠道(资源)	转化率（智力）	效果（DPS）
拥有财力优势的公司 A	10 种渠道共产生 10 万次曝光	5%	5000 转化
资源有限的公司 B	5 种渠道共产生 5 万次曝光	10%	5000 转化

由此可见，对于公司来说，资源就是广告费，智力就是转化率。虽然两公司的宣传活动取得的效果相同，却付出了不同的代价。

第16章

进阶修炼：微信运营的核心技能

用户调研：把握目标群体需求

截至2017年7月，微信公众号数量已突破2000万个。以此估计，文案编辑者的数量也达数千万左右。在众多的编辑中，有的能够获得无数粉丝的追捧，有的却默默无闻，虽然他们的每篇文章也都经过了精心的策划与编撰，但最终获得的阅读量却十分有限。

面对激烈的市场竞争，运营方要想占据优势地位，获得读者的关注，就要生产高质量的内容，并注重对内容的设计与包装。为此，运营方要做好内容设计和产品运营之间的完美结合。这就要求团队的设计人员熟悉文案创作，并对用户界面、用户体验有足够的了解。微信的运营人员也要具备内容创作能力。在这里，立足于设计及运营的角度，对微信公众号运营中需要具备的关键能力进行逐一分析。

一提到公众号的运营，人们最先想到的是优质内容的生产，即具备足够的原创能力。然而，现实情况是，很多经过作者精心编撰的文章，再经过后期的排版，最终仍然无法获得较高的阅读量，虽然这些文章的质量有保证，格式也经过了精心处理，但很难实现大范围推广。究其原因，是因为文章内容不符合平台用户的期待。很多时候阅读量不高，并不是因为运营方的努力不够，而是因为他们缺乏对受众群体的把握。

后台的市场运营人员，要采取有效措施来把握目标人群的需求，熟悉他们的阅读动机与阅读喜好。当运营方发现自己的微信公众号已经有上千甚至上万的粉丝时，可能会认为自己已经获得了成功，但作为团队的运营人员，需要弄清楚以下几个问题：运营团队是不是真正了解自己的用户？他们的年龄分布、兴趣爱好、职业、受教育程度如何？团队的哪些服务适合这些用户？

下面来分析一下怎样进行用户群体调研：

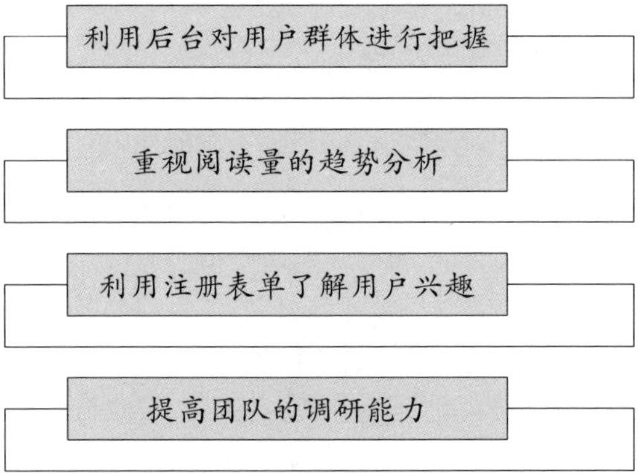

图 16－1　如何进行用户群体调研

◆ 利用后台对用户群体进行把握

利用公众号后台获取用户数据，应该重点关注以下几个方面：

（1）粉丝用户的性别：帮助改善内容创作的风格等；

（2）粉丝用户的地域分布：帮助运营方确定热点内容；

（3）粉丝用户的设备使用情况：据此优化内容显示效果，比如图文效果。

◆ 重视阅读量的趋势分析

每个月的文章阅读量趋势分析是用户群体调研中的重要参考数据，通过对阅读量的趋势分析，运营方能够对目标用户喜欢的内容类型进行定位。

◆ 利用注册表单了解用户兴趣

在平台运营过程中，制定该账号的注册表单，通过用户的注册表单对用户信息进行获取，了解用户的阅读喜好。

◆ 提高团队的调研能力

运营者应该关注一下 Gartner、Interbrand 等网站的信息发布，这类网络平台每隔一段时间就会更新一批专业调查数据，包括行业分析、知名企业的调查报告等。这些报告中包含对用户行为的把握与分析，运营人员多关注这些内容，并结合自身用户群体的需求，据此进行内容生产与推送，为用户提供更加优质的服务。

运营方可尝试组织相关活动来实现与粉丝之间的互动，虽然这样做无法保证所有人都能够参与进来，但是能够为平台聚集一批忠实的粉丝用户，为公众号后期的运营打下坚实的基础。在公众号的运营过程中，运营人员起到了引领作用，能够在很大程度上决定平台的风格、内容选择、服务提供与未来的走向。

数据分析：注重数据收集整理

作为团队的运营人员，肯定会高度关注公众号的数据变动，据此分析并了解平台目前的发展情况。但平台在运营过程中产生的数据十分繁杂，运营方在进行数据分析过程中难免会遇到问题。

因此，一个优秀的公众号运营人员，不仅要富有责任心，及时关注平台运营的最新数据，还要对数据保持敏锐的洞察力，知道哪些数据最为关键，并重点关注这些数据。除此之外，运营者还要擅长数据分析，从分析结果中得出平台当前的发展态势、用户的喜好，并选择适当的时机进行内容推送。

运营者需要重点关注的数据包括如下五项：

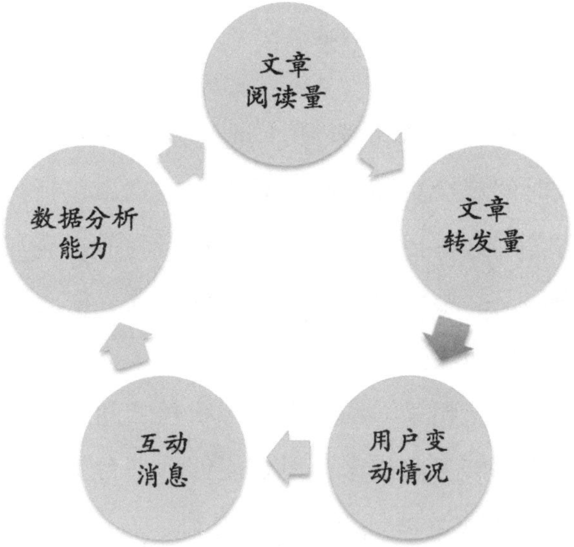

图 16－2　微信公众号运营数据指标

（1）文章阅读量：该数据能够反映出用户对创作内容是否感兴趣，坚持关注并分析文章的阅读量，可以对自身内容的价值进行有效评估，帮助平台进行内容优化。

（2）文章转发量：用户转发是提高公众号影响力的重要途径，用户的转发和收藏数量能够反映创作内容的质量，平台运营方应该对用户转发量较大的内容进行重点分析。

（3）用户变动情况：运营者也要关注平台粉丝的新增数量、取消关注的数量、实际关注数量等。尽管这些数据看上去没有什么实际作用，但是如果将每天、每周、每月、每季的数据整理出来，就能更加全面地了解平台当前的发展形势。

（4）互动消息：平台运营方要与用户展开有效互动，可以采取特定的奖励机制来鼓励用户回复，提高用户参与的积极性。运营方应该对用户的问题给予回复，如果用户提问过多，可选取其中一部分进行回复，在与用户进行互动的过程中把握对方的需求，并体现平台对用户的重视，进一步提高用户黏性。

（5）数据分析能力：改革传统的数据分析方式，从现在开始，每天拿出一些时间来处理原始数据，将平台运营过程中产生的数据整理成图表，方便观察。

阶段性总结也是数据分析的重要方式。在做阶段性总结时，可每隔一周进行数据汇总，也可每隔一个月，或每隔一个季度进行汇总。即使领导没有做强制性要求，平台运营方也要进行阶段性总结，据此了解平台当下的整体运营状态，及时发现问题并予以纠正。

为此，在日常运营过程中，要注重对各类数据的收集与分类整理，为日后的数据分析提供资源支撑。

产品运营：以用户需求为中心

不少平台在组织线下活动、开展微信群运营、策划 H5 广告时会根据自身的服务类型添加相关项目。平台运营方不妨将这些项目视为产品，在其具体运营过程中，对用户的实际需求进行把握，为用户的参与提供多元化的渠道选择，提前预测用户在产品使用过程中可能出现的问题，并为其提供有效的解决方案。另外，要实现不同产品之间的连接，充分发挥产品的价值，保证平台的正常运营并使其获得更加长远的发展。

在获取用户数据的基础上，还要对数据信息进行加工处理，从中提取对平台发展有益的内容。为此，运营方要与用户展开高效互动，在沟通过程中对用户的实际需求进行挖掘，辅之以数据分析结果，对用户群体的信息进行全面把握。若平台的用户数量众多，运营方应该采用先进的工具来实施精细化管理，避免造成时间与精力的浪费。在这方面，SCRM 营销自动化解决方案是一个不错的选择。

积极向他人学习能够推动自身产品的发展。一方面，可以通过多读相关书籍，来获得产品提升的相关知识；另一方面，还可以学习同行的优秀经验，尤其是互联网巨头企业及优秀平台的运营模式。

所有的产品、所有的公众号都有自己的风格与特色，差异化的风格是产品受欢迎的必备要素。独有的风格在增加产品辨识度的同时，还能让产品从众多竞品中脱颖而出，聚焦用户的目光。此外，产品外观的打造也必不可少，公众号的运营要取得成功，既需要优质内容的支撑，也需要运营人员对内容的精心处理。具体而言，要通过排版等方式增加内容的美观度，使内容的可读性更强。在具体运营过程中，运营人员要注重品牌的打造与推广，为此，要在产品设计环节就考虑后期的运营及营销。

内容排版：优化内容阅读体验

总结以往的排版经验，结合自身对排版的认识，不断调整思维方式，才能给优质内容排版。在排版过程中融入营销思维，才能保证最终呈现出来的内容能够获得受众的认可。在思考如何进行内容排版时，要从市场需求、价值体现、目标人群、用户满意程度以及宣传效果等多个角度出发，用这样的思维去排版，能够使运营方对用户群体有着更加全面的了解，知用户所需，供用户所求，并对具体的传播效果进行评估。

微信公众号中的文章排版一般会用到对齐、居中、居左等几种形式。这里没有提到的居右，因为很少用到这种排版方式，在这里不做具体分析。

（1）采用对齐方式可以消除文字间的缝隙，提高阅读舒适感。除了微信之外，这种排版方式也大量应用于报纸、杂志的排版中。因为用户更倾向于浏览有秩序的内容，对齐处理后，信息内容不会显得杂乱无章，便于读者浏览。

（2）居中处理后能使文章显得更加稳重、正式。之前，居中凭借其稳重感渐渐成为很多内容编辑的选择，却失去了特色。针对这种情况，一些优秀的设计师通过一些精细的操作，采用“细小字体＋大留白”的方式，进一步突显居中内容的高端时尚。如今，不少奢侈品牌就采用居中排版的方式进行品牌推广，很多公众平台也习惯采用居中处理的方式来提升自身内容的质感。

（3）居左排版方式能够突显上下文的独立性。例如，活动时间、地点的标注，诗歌内容的排列也会采用这种排版方式。

再说几个在实际操作中容易出现的失误。有些内容编辑为了突出重点内容，会将重点语句用下划线或者斜体方式进行处理，事实上，这种做法并不合理。

现阶段下，汉字中尚未出现类似斜体的字形，选用斜体方式处理的文字不会比其他字体的效果好。而且，汉字本身注重横平竖直，使用斜体会造成文字扭曲，增加受众阅读的难度，在这种情况下，斜体标记的文字可能会被部分读者直接忽略。下划线用于微信内容编辑也是不合适的，因为移动设备的屏幕有限，下划线会降低读者的阅读速度，影响阅读体验，可以用加粗或者改变字体颜色的方式来达到强调信息的目的。

色彩搭配：提升设计审美能力

◆ 配色

色彩的选择和调整需要结合用户的需求，这就要求运营人员对用户进行全方位的了解。想要为内容搭配合适的色彩，就要从用户的角度出发来考虑问题，并为平台的品牌推广做好准备，这些思维模式不是在短时间内形成的，需要长时间的培养与积累。在这里介绍几种配色技巧，希望能够为编辑提供有效参考。

1. 色彩关系

只有熟悉色彩关系才能灵活运用各种配色技巧。色彩关系多种多样，掌握其中的关键就能学会配色的技巧，以下是几种使用频率较高的色彩关系：

（1）单色组合。通俗而言，单色组合是指某种颜色与该颜色的亮色、暗色放到一起。这种方式有利于读者进行层次区分，同时又不破坏整体感觉。

（2）相似色。相似色是指色轮上圆心角为直角范围内相邻的颜色，由于颜色相近，不同颜色搭配到一起也不会形成视觉上的强烈冲突感。相似色的运用能够使图文内容看起来更加协调，这种自然过渡的方式更容易被用户接受。

（3）互补色。作为互补色的色彩在色轮上的位置是相对的。不同色彩之间的对比十分鲜明，能够形成强烈的视觉冲击，增强对用户的吸引力。

2. 新手配色

（1）品牌图片与主色调。善于利用平台的主题图片，如果图片有主色调，在进行内容编辑的过程中，可以直接使用主色调的颜色。如果要在主色调的基础上让图文颜色变得更加丰富，同时又希望图片的颜色和整体色彩能够和谐搭配，可以从主色调中提取一种颜色，使用单色组合或者相似色搭配法，实现图片内容与主色调之间的和谐搭配。这种方法处理一般不会出现问题，因为图片本身就包含这种色彩。

（2）提取网上素材。这种方法没有什么难度，只需要平时多收藏色彩搭配完美的图片，在进行内容编辑的过程中，从收藏的图片中直接吸取色彩即可。需要注意的是，一篇文章中出现的色彩尽量控制在三种以内，并做好色彩之间的搭配处理，为用户提供良好的阅读体验。

运营方在进行内容编辑时，可尝试使用 Adobe Color CC 配色软件，这款软件参照色彩规则，将不同色彩进行了有效归类，如对比色、类似色等，并为用户提供了多种色彩搭配方案，实用性较强。

◆ 配图

选择配图时，也需要结合产品认真思考。在进行图片挑选时，编辑需要在充分把握自身品牌的基础上，发挥自己的审美能力，选择符合平台运营风格、能够吸引受众目光的图片。

用户在浏览实景图片时，会特别关注图片的色彩及其明暗对比。因此，编辑在选择照片时，尽量选择色彩鲜明的图片。如果初选的图片不合适，可以用 PS 甚至是美图秀秀进行处理，调整图片的对比度、饱和度等。

身为图文内容的编辑，就要提升自己的审美能力。在这方面直接有效的方式为：平日里浏览网页的时候将自己认为具有美感的图片保存下来，同时多参加一些画展与设计展览活动，经常浏览自己保存的图片。日积月累，当编辑发现自己曾经觉得完美的图片在色彩搭配、构图等方面还应做进一步调整时，其审美能力就上升到了新的层级。

PART 5
直播活动篇

- 直播活动的运营策划思路与要点
- 直播电商：有效提升店铺转化率
- 引流转化：直播电商的变现路径

第17章

直播活动的运营策划思路与要点

品牌类直播活动策划方案要点

近年来，手机直播平台迅速崛起，越来越多的用户成为内容生产者与发布者；不少身怀才艺的年轻人参与到直播行业中，成为个人创业者，或者开展团队化运营。成绩突出者还能得到企业的邀请，参与大型直播。与此同时，不少企业都在直播领域展开布局，并将其应用到营销环节中。与个人直播相比，企业直播涉及的范围更广，且对直播效果的要求更高，因此需要做好前期的策划工作。

品牌类直播与销售类直播是企业直播的两大组成部分。其中，品牌类直播的主要目的是提高企业品牌的知名度与影响力；销售类直播则致力于促进企业的产品销售。企业要根据直播类型选择合适的策划方案。

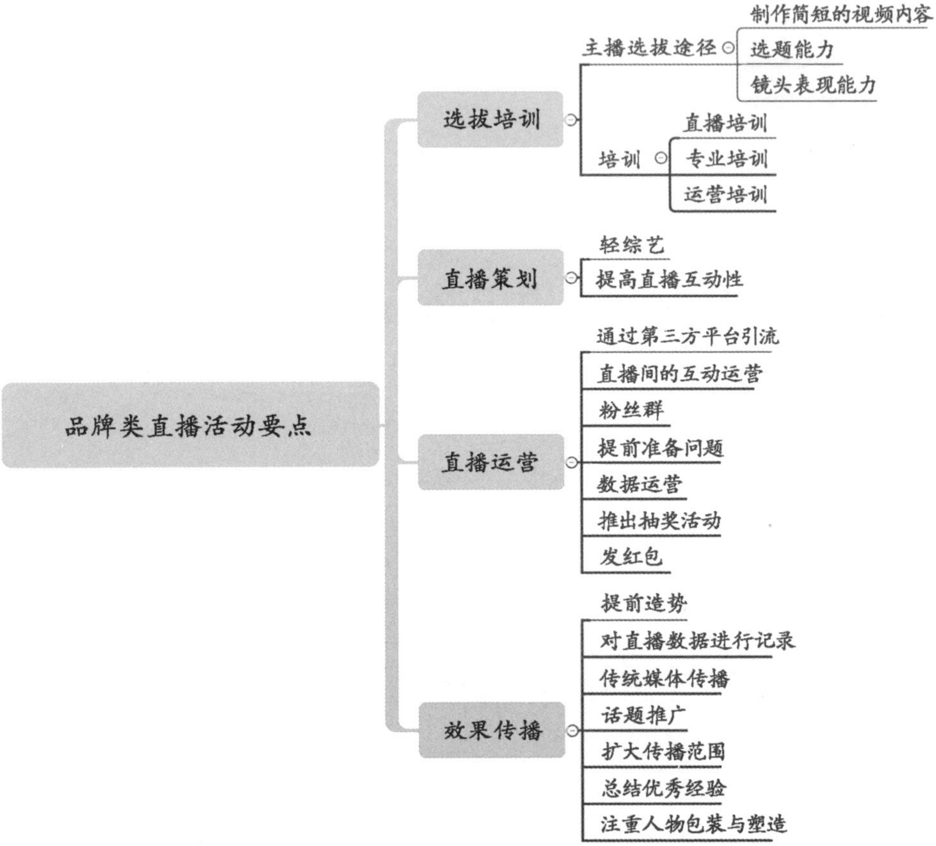

图 17－1　品牌类直播活动策划方案要点

◆ 选拔培训

要提高直播效果，就要注重对主播的选拔，优秀的主播应该满足以下条件：

★相貌出众。

★与企业合作的主播，需要掌握企业相关的专业知识，能够为用户提供专业化的信息服务。

★善于表达，具有娱乐精神。

所以，企业首先要进行主播人员的选拔，具体操作方式有两种：一种是对内部人员进行培养，发挥他们的专业素质；另一种是与网红合作，借助其粉丝号召力。

1. 主播选拔途径

（1）制作简短的视频内容：应聘者要在视频中进行自我介绍，并发挥自己的才艺；通过视频，考官能够对其外貌、个人才能及语言运用能力进行评估。

（2）选题能力：让应聘者明白企业直播的动机，要求他们参与到直播策划中来，增加他们对企业直播活动的了解。考官对其参与积极性和选题能力进行评估。

（3）镜头表现能力：在镜头面前流露出紧张情绪是人们的正常反应。面试过程中，考官要营造良好的环境，对应聘者的镜头表现能力、临场发挥能力进行评估。

2. 培训

在选拔结束后，要组织主播接受专业培训课程，具体内容包括以下几点：

（1）直播培训：主要包括直播活动前需要准备的事项、灯光运用、语言技巧、普遍性问题等。

（2）专业培训：以企业相关的专业信息为主。

（3）运营培训：主要涉及活动运营过程中的信息推广、技巧运用、数据展示等。除了主播之外，直播运营方及管理者也应该接受这方面的培训。

◆ 直播策划

在直播策划环节，企业应该注重两个方面的问题：

（1）轻综艺：可以在直播内容中融入综艺元素，主播担任节目主持，邀请一到两个嘉宾参与。

（2）要提高直播的互动性，就要注重三点：第一，对于参与互动的网友，主持人要积极回复他们的信息，不然网友会认为自己得不到重视而放弃观看直播；第二，通过微信等社交平台与用户保持密切互动；第三，多数直播都局限在室内，若条件足够，不妨尝试在室外进行直播，增加观众的新鲜感。

◆ 直播运营

（1）通过第三方平台引流：如各类社交平台、媒体平台等，吸引用户参与互动。

（2）直播间的互动运营：雇用 10 个以上的人充当观众，与主持人进行积极互动。

（3）粉丝群：利用社交平台组建粉丝群体，与粉丝用户保持互动。

（4）提前准备问题：总结哪一类的问题具有较强的吸引力，在直播之前进行话题准备，并想好大体的内容。

（5）数据运营：与第三方企业合作，使直播观看人数、点赞数等更具吸引力，调动更多用户参与。

（6）推出抽奖活动，吸引观众参与。

（7）为观众发放红包。

◆ 效果传播

（1）提前造势：在朋友圈等社交平台发布传播信息，具体形式如活动海报。

（2）对直播数据进行记录。

（3）传统媒体传播：通过电视、报纸等传统平台进行信息发布。

（4）话题推广：制造热门话题，聚焦用户目光，吸引人们参与话题讨论，并在直播中就热点话题与主播及其他观众展开讨论。

（5）将传播范围扩大到整个行业：跨越企业界限，通过媒体平台塑造良好的形象，向行业领导展示突出成就。

（6）总结优秀经验，成为经典代表：在行业内发挥示范效应，成为其他企业学习的榜样。

（7）注重人物包装与塑造：对特定的主播进行形象包装，提高其个人影响力与号召力。

销售类直播活动策划方案要点

在直播平台兴起之前，众筹营销模式曾在诸多领域得到广泛应用，同为营销方式，众筹营销与销售类直播活动之间存在许多共性。在众筹营销模式下，企业需要与经销商达成合作关系，并通过某些渠道接收经销商的订货信息，完成相关操作，但在实际运营过程中，很少有经销商会在众筹平台进行订货。

调查结果显示，绝大部分采用众筹营销方式的企业都会将整体目标划分成几个组成部分，其中，平台所做的贡献仅为一小部分。同样，采用销售类直播模式的企业也无法依靠直播平台完成总体销售目标，直播活动能够实现的产品销售通常只占整体目标的一部分。以天猫平台为例，虽然该平台在“双 11”期间推出了直播活动，但要实现平台的销售目标，仍然要发挥重要商家及客服人员的营销能力。

销售类直播与品牌类直播之间既有共性也有差异，两者之间的差异主要体现在三个方面：

（1）在选拔主播时，要重点考察其语言表达能力。在这里需要强调的是，主播不应采用强硬的推广方式，而是要与目标消费者之间拉近距离，让他们从心理上认可企业的产品。

（2）举办促销活动。例如通过直播方式，在限定时间内推出优惠价格，或者推出秒杀活动等。运营方要明白，企业推出活动的目的是让利于消费者，通过促销方式打造爆款产品，为商家引流。

（3）将总体目标划分成几个部分。采用营销类直播模式的企业，要注重对总体目标的划分。一般来说，运营方要将直播平台完成的产品促销量控制在总体的20%以内，其余80%的销售任务由经销商、员工及公司内部来共同完成。其中，经销商需承担总体目标的60%。与此同时，要调动内部人员的积极性，促进直播内容的推广，吸引更多目标消费者的参与。此外，企业要用内部资金完成剩余的目标。

综上所述，很多企业之所以采用直播营销方式，是为了抓住直播平台快速兴起的机遇，推出营销活动，再经媒体平台提高品牌的影响力与知名度。直播活动的策划者需要明白，要想提高营销效果，就要注重直播过程中各个环节需要注意的问题，充分了解每项工作的价值，从而达到理想的营销目的。

电商类直播活动策划方案要点

近几年来，直播行业发展迅速，吸引了大批投资者入局。很多在直播领域布局的企业获得了快速发展，并获得了可观的利润。以花椒、映客为代表的网络直播纷纷崛起在市场上，直播在诸多行业、企业及人们的日常生活中得到广泛应用。

直播的变现方式有很多，粉丝打赏与广告投放最为普遍，除此之外，企业还在探索其他变现途径。近两年来，部分平台走上了直播与电商化结合发展的道路。举例来说，淘宝电商推出直播功能，聚焦于细分领域的秀淘、够格等直播电商平台亦纷纷面世。与此同时，直播电商领域逐渐形成了完整的产业链，有的公司从事直播间出租，有的公司为直播从业者提供专业设备及相关器材，有的公司专注于网红培训，有的公司为商家直播促销提供方案服务等。

比如，彩妆品牌美宝莲在纽约举行品牌发布会，品牌代言人 Angelababy 与 50 名网红开启视频直播。数据统计结果显示，此次直播时间长达两小时，观众数量达 500 万以上，直播期间有 10000 支口红成交。现如今，由于不少游戏直播平台及秀场直播平台禁止主播销售产品，受此影响，越来越多的企业开始与专业直播平台进行合作。

那么，如何帮助商家策划好一场直播活动？我们可以从以下几点入手：

◆ 客户需求分析

对客户需求进行定位，据此制定直播策划方案。通常情况下，商家的动机不外乎产品销售与品牌推广，要想达到这个目的，起码要吸引用户观看。为了提高直播营销的效果，直播运营方要把握好商品品类，寻找适合的网红担任主播，对网红本身的粉丝聚集能力进行分析，提高粉丝质量，严格控制直播时间，选用合适的直播内容并进行有效传播。

对客户在直播中营销的核心产品进行有效把握，知晓商家本身能够提供哪些资源。举例来说，是否允许粉丝还价，具体优惠力度为多少；是否有赠品发放；是否能够以优惠价格在限定时间内促销等。对商家的资源情况进行把握，预先制定推广计划，采取有效措施提高资源利用率，包括各项物料资源、媒体平台应用、主播选用等。

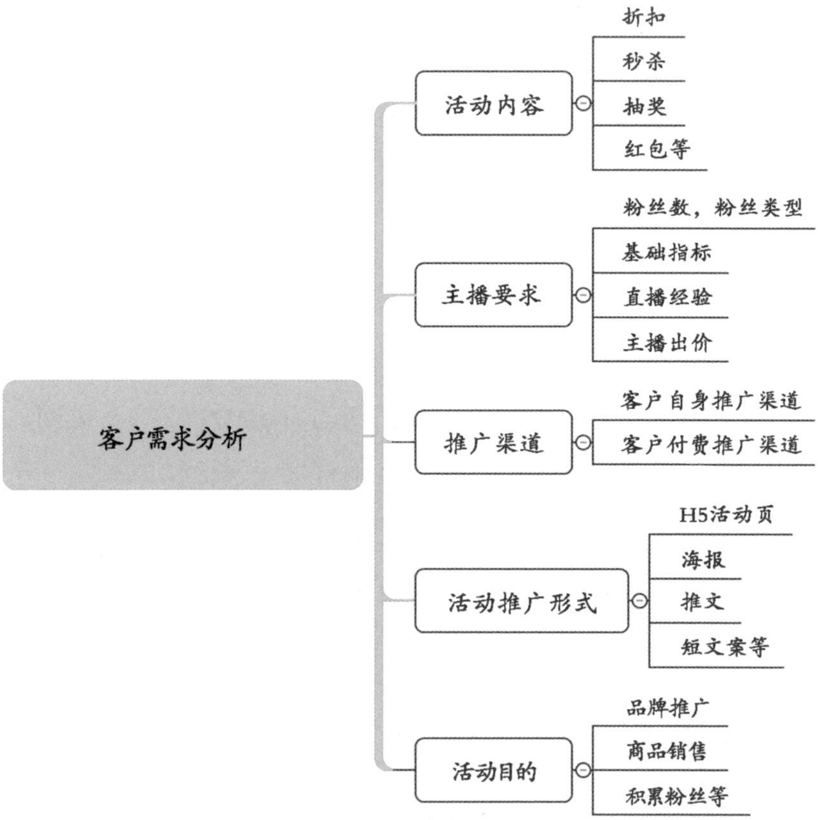

图 17－2　客户需求分析

◆ 直播策划

（1）网红选拔。综合考虑客户的预算与发展需求，准备好供客户选拔的网红资源。在选拔过程中，采用短视频介绍、视频面试、往期直播观看等方式，对网红的年龄、外貌、学历、才艺、表现力等进行考察，并重点评估网红的粉丝规模、粉丝质量及粉丝的消费水平等。

（2）活动内容策划。直播活动开始前要进行活动推广，直播期间要做好各项管理工作，直播结束后要做数据统计与分析工作。

运营方可通过 QQ、微信、新闻媒体平台，网络平台等为活动造势，还可发挥粉丝群体的口碑效应，在贴吧等平台进行活动宣传与推广。

在具体推广过程中，运营方可通过制作海报、撰写软文、编辑 H5 广告等进行信息传播，同时要强调活动是为回馈粉丝而推出的，为观看直播的用户提供诸多优惠，具体形式包括赠送精美礼品、推出打折商品、限时秒杀活动等，还可以为忠实粉丝提供专属优惠，刺激他们的消费需求，并吸引新用户围观。如果网红本身具备较高的影响力，可以将网红作为宣传核心，具体包括为粉丝提供与偶像进行音视频互动的机会、赠送网红签名等。知名网红担任主播，都能吸引大批粉丝用户观看。为用户开放直播预约通道，在直播正式开始前，为预约者推送提示信息，以免他们错过直播。

在网红账号与客户账号之间如何抉择？在这方面，应该对网红本身积累的粉丝规模进行有效判断。如果网红拥有庞大的粉丝基础，建议选择网红账号开启直播，借助网红的影响力来进行推广；如果网红在直播平台的粉丝数量有限，则应选择商家的直播账号，通过直播吸引观众，作为商家自身的用户资源，为今后的推广打下基础。

在活动准备阶段，运营方需与商家、网红就活动流程达成一致，并以脚本形式体现出来，在直播中切实执行。举例来说，在抽奖环节，网红需告知观众，要到商家的微信公众平台上参与活动，将指定信息转发到朋友圈，获得 30 个赞后可参与抽奖。在直播正式开始之前，运营方要做好流程规划，确保网红熟悉活动流程。

◆ 直播过程活动跟进

事先检查直播设备，避免在直播时出现故障。对直播场地的网络信号进行检验，排除外界环境因素的干扰，同时要做好资源准备，保证直播活动的正常开展。

在直播期间，要保持推广渠道与直播间之间的顺畅连通，发挥网红的影响力，为直播平台引流。另外，要对直播活动的运营进行追踪管理，及时与网红沟通，调节整体气氛，提高粉丝参与的积极性。如果发现网红在控场方面出现问题，应该采取有效的激励措施，比如向网红提问题、赠送礼物等方式，帮助网红及时恢复良好的直播状态，提高整体效果。

对用户问题进行获取与分析，通过网红为用户解惑答疑，具体问题包括：活动参与流程、下单渠道、充值渠道等。提取直播数据，与网红保持良好的互动关系，发现问题后采取有效的应对措施。

◆ 做好直播活动总结

为了提升用户的体验，直播完成后还要做好后期工作，如按订单发货、派发奖品等，尤其要注意发货安排，通知用户是否中奖，及时与中奖者进行沟通。此外，对于直播中沉淀的粉丝用户，运营方要与他们保持良好的互动关系，具体方式如邀请粉丝参与直播反馈，鼓励他们提意见，据此调整自身的运营方式。总结宣传也是运营方不能忽视的一环，可以将直播转化率、观看人数、中奖用户等进行整理并用于后期推广，或者将直播画面进行截图，添加到文章内容中进行宣传。

大型活动直播策划的注意事项

无论是以盈利为目的的演唱会、剧院演出等大型演出活动，还是以提高产品及品牌曝光度为目的的新品发布会、周年庆典活动，抑或是公益性质的长跑、慈善等活动，都强调尽可能地取得更高的关注度。当然，由于投入成本较高，大型活动往往都会关注投入产出比，比如让50万元的成本产生200万元的活动效果。

凭借真实性、沉浸感、互动性等方面的优势，直播活动受到了营销界的青睐。那么，在注意力被过度分散的移动互联网时代，我们又该如何做好大型活动的直播活动呢？

◆ 用直播增加活动的延展性

内容要为传播服务是大型活动策划及运营人员的共识，如果传播效果不佳，大型活动很难取得成功，更不用说帮助企业达成提高产品销量、品牌建设等目的。在制定大型活动传播策略过程中，首先应该对传播的关键要素进行深入分析：

（1）活动目的，是为了盈利，还是为了得到曝光量等。

（2）活动参与人员，哪些群体是此次活动的目标受众，企业作为活动主办方又需要哪些成员出席等。

（3）如何吸引受众参加活动，也就是通过活动为用户创造何种价值，比如荣耀感、参与感、经济利益等。

这些问题有了明确的答案后，活动运营人员就要思考通过哪些方式及渠道让目标受众的需求得以满足，并从中提炼出活动传播点，开展活动预热：

★可以采取哪些形式的预热活动？比如赠送代金券、微博转发抽奖送门票等。

★预热活动可以运用哪些宣传渠道？比如线下发传单、校园推广、微博等新媒体传播等。

活动运营人员应该明白的是，移动互联网时代的活动运营不能继续沿用活动前邀请业内大咖参加活动、活动举办完后再找媒体进行传播推广的线性模式，而是在活动策划阶段就要使活动具有较高话题性、延展性、互动性，这样能够覆盖到更多的目标受众。而对活动进行同步直播是提高活动话题性、延展性及互动性的有效方式，在斗鱼、熊猫、网易视频直播等直播平台中同步直播大型活动已经成为一种主流趋势。

大型活动直播对场景打造有较高依赖性，是否适合全网传播，场景设计语言能否被目标受众所感知等。同时，活动场地选择还要考虑网络覆盖、周边环境等诸多细节因素，很多大型活动要考虑目标受众的交通时间成本、场地空间容量以及周边噪音问题等，可能会选择在体育馆、社区甚至是公园内举行，但这类场地的直播网络覆盖情况往往并不理想，很难做到同步直播。

◆ 用传播矩阵增加活动的辐射性

大型活动采用怎样的形式、活动时长、活动流程、需要提供哪些资源等，都是活动传播需要考虑的重要因素。想要让大型活动传播取得事半功倍的效果，需要运用传播矩阵来增加活动的辐射性。

大型活动的规模庞大、持续时间较长等特性，决定了在预热期以及同步直播阶段，都需要采用多个媒体及平台相结合的方式，并且传播内容也要丰富多元。媒体与媒体、平台与平台以及媒体与平台之间要能协同联动，通过打造立体化的传播矩阵，实现传播效果最大化。

比如：选择的直播平台可以在 PC 端、移动端甚至电视端同时观看，在微博、微信、贴吧、论坛等社会化媒体中对活动进行广泛传播。此外，想要让大型活动低成本传播，激发目标受众的口碑传播无疑非常关键。为此，活动运营人员必须提高活动互动性，不能仅是简单地向目标受众传递信息，还要让后者提供反馈。在互动过程中发现有价值的传播点后，要快速反应，在第一时间设计传播方案，争取实现传播效果最大化。

唐三哥火锅店的直播活动方案

◆ 活动背景

我们不妨以重庆唐三哥火锅店直播活动为例，对直播活动运营策划进行具体分析。餐饮行业尤其是火锅店市场竞争异常惨烈，品牌建设显得尤为关键，而向目标用户发宣传单的传统模式，很容易让用户产生抵触心理，从而给品牌传播带来负面影响。

网易视频直播具有网易 App、网易直播官网、微信朋友圈等多个传播渠道。和达人合作的达人体验式直播在引导话题讨论及口碑传播方面更具优势。所以，唐三哥火锅店的直播活动选择了网易视频直播平台，并采用达人体验式直播模式。

◆ 活动目的

唐三哥火锅店直播活动是为了通过达人体验式直播，让目标用户能够近距离地感受火锅店，了解店内的特色菜品及优质服务，在吸引大量用户观看的同时，还能激发用户传播欲望，最终使“重庆唐三哥火锅”品牌取得较高的曝光度。

◆ 活动优势

（1）达人直播采用了第一视角，更接地气，具有较高的亲和力，避免了让目标用户产生抵触情绪。通过达人在门店内和店主及服务员乃至其他食客闲聊式沟通，在不知不觉中向目标用户传递店铺品牌以及特色菜品等信息，给目标用户留下深刻印象。

（2）网易新闻 App 用户规模庞大，而且它结合目标用户地域分布推送个性化内容的推荐机制，可以为火锅店带来精准的本地用户。

（3）直播用户以年轻群体为主，和唐三哥火锅店的目标用户存在较高重合度，更加有利于营销转化。

◆ 直播活动内容

此次直播活动以“越秀北路一家重庆火锅店里的老兵情怀”为主题，直播时间选择在端午节假期即将来临的 2018 年 6 月 15 日，地点为重庆唐三哥火锅（嘉兴店），采用网易视频直播形式，由达人在门店中亲自品尝火锅，并全程直播。此外，通过语言及镜头切换传播店铺及品牌信息，并向用户赠送免费体验券。

◆ 直播活动流程

（1）主播到店。在店门口对重庆唐三哥火锅店地址、品牌、此次直播活动内容等信息进行介绍。

（2）主播进入门店后，由店主亲自接待。店主对门店环境进行简单介绍后，带领主播到后厨、存储菜品的仓库等区域深入了解门店，重点介绍火锅原材料、制作工艺及流程。

（3）主播和店主同桌就餐，店主对特色菜品、菜品搭配、不同吃法等进行介绍。

（4）主持人提一些问题，比如，吃火锅担心食材安全等，店主对这些问题进行详细解答，并在该过程中介绍火锅店对选材进行严格控制等优势。

（5）主播对酥肉等特色配菜的口感进行介绍，并向观众推荐。

（6）主播向用户推荐门店新鲜优质的龙虾。

（7）主持人询问菜品价格，店主给予解答并介绍自己的当兵经历，进而引出门店诚信经营、服务优质、让顾客享受最大程度优惠等优势，为了增加可信度，店主可以讲几句地道的重庆方言。

（8）主播在直播间内向观众赠送免费体验券等福利，并介绍门店对持有军官证的顾客有更大的优惠力度。

（9）和门店内就餐的其他顾客进行交流，引导其分享门店特色菜品、优质服务等。

（10）主播和店主合影，店主对主播及观众的支持表示感谢，并邀请主播及观众前来品尝。

第18章

直播电商：有效提升店铺转化率

全民直播时代的电商创新玩法

斗鱼大批主播降薪、虎牙成功在美上市等，都表明了如今的国内直播行业开始进入下半场，变现和盈利成为平台目前的主要目标，而“直播 + 电商”模式的强大变现能力已经得到了充分证明。直播平台作为受到年轻群体一致青睐的社会化媒体，已经成为电商营销新阵地。

通过和明星、达人、KOL 合作为电商引流，已经被电商企业广泛应用。但想要完成变现，更多还需要增强交易属性，由明星、达人、KOL 在直播过程中体验并推荐产品，让用户边看边买。而产品 + 场景化的内容，以及充满体验感、趣味性的互动玩法在营销实践中爆发出了惊人能量。

【案例 1】海鲜节吃播秀直播互动案例

2017 年 6 月，熊猫直播平台举办了全网首个看得见新鲜度的海鲜直播活动“生猛吃海鲜”。此次直播活动由消费级视频 AI 科技平台极链科技 Video + + 熊猫平台联合举办，由熊猫平台海鲜吃播秀大流量主播进行直播，通过对直播内容质量的严格把控，并运用直播互动技术，在多方的共同努力下，为目标用户呈现了一场视听盛宴。

此前，Video + + 在和熊猫合作过程中，更多的是扮演技术服务商的角色，而在此次合作中，Video + + 不但提供技术，还策划并输出直播内容。为了提高转化效果，Video + 对直播互动样式进行定制开发，打造出了“主播 + 内容 + 电商 + 互动”的闭环生态，在为期三天的直播活动中，让用户通过点赞、投票、弹幕参与互动，抢红包并边看边买。

主播试吃的同时，对特色菜品进行推荐，直播间内提供了购买同款菜品的购买通道，用户无需跳出直播间，可以直接通过直播页面中的购买通道下单购买。统计数据显示，此次直播活动带来了 1118 件订单、客单价 126 元、平均直播电商导流率为 8% 的骄人成绩。

【案例 2】来伊份 17 周岁生日趴直播互动案例

2017 年 9 月 17 日，来伊份举办了 17 周年庆典直播活动。此次直播活动以“我们十七岁”为主题，直播时长 2 小时（从 19 点至 21 点），SNH48 明星为之站台，最高在线人数达到了 10 万以上，来伊份 App、一直播、咪咕直播、浪客直播、熊猫直播同步直播。在直播活动举办前，来伊份在微博上发起了“一句话形容我们的十七岁”的话题讨论活动，直播结束时，微博话题阅读量达到 3451.9 万。

此次直播活动利用 SNH48 明星的引流能力，对新款“零食学院派系列”产品进行推广。Video + + 同样参与了此次直播活动，它提供了新型屏内互动技术支持，支持用户投票、点赞、抢红包、边看边买等，让用户充分参与到直播活动之中，有效提高了用户转化率。

在本次直播活动中，用户可以在直播间内点击红包热点，并通过智能手机扫描二维码，领取来伊份代金券，让用户可以用优惠的价格购买自己感兴趣的商品。除了歌舞表演外，直播活动中还加入了零食真心话、零食猜猜看、零食布偶大挑战等诸多极具互动性与参与感的直播内容，不但推广了来伊份零食产品，还促进了来伊份周边产品销售。

和传统电商将商品、店铺作为核心所不同的是，对于“直播 + 电商”模式而言，相关从业者需要思考供应链管理、电商运营、社群打造、达人孵化、直播技术支撑等产业链的诸多环节。

对于淘宝、蘑菇街、聚美优品这种有较强实力的电商平台来说，要探索“直播 + 电商”模式并非是一件很困难的事情，但很多中小商家则并非如此，为了解决这一问题，通常需要借助第三方提供的支持。

以中粮集团旗下的我买网为例，为了能够更好地传播品牌理念，我买网和喜宝动力进行合作试水“达人 + 直播 + 电商”模式。喜宝动力为了增强此次活动的传播效果，邀请了有着多年餐饮从业经验的顶级大厨卓有公、映客明星主播刘依倩、“90 后”明星冯璧晴担任直播嘉宾，在为观众提供现场烹饪直播的同时，还能向观众推荐我买网的优质食材。

此次直播在映客与淘宝直播两大平台进行同步直播，根据官方发布的统计数据显示，直播当天，嘉宾主推的商品订单量增加了 750%，访客转化率提升了 331%。更为关键的是，此次直播为我买网带来了极大的品牌曝光量。

“直播 + 电商”模式已经被越来越多的企业所采用，不过这股潮流何时能够达到顶峰，又能持续多久，目前还不得而知。对于相关从业者而言，需要做的就是抓住这一重大发展机遇，抢先完成生态布局，争取在未来获取更高的价值回报。

从三大维度解读直播电商模式

从本质上来看，“达人 + 直播 + 电商”模式和以前的电视营销颇为相似，只不过后者不能让主持人与观众进行交流互动，而前者却可以让主播与粉丝进行实时沟通。那么为何传统的电视购物饱受诟病，而“达人 + 直播 + 电商”却得到如此多的支持呢？

对于这个问题，可以从达人、直播及电商三个维度进行分析：

◆ 从达人的角度

国内首批达人群体出现于 1998 年前后，当时以痞子蔡、安妮宝贝为代表的网络作家在互联网中拥有着一批数量相当可观的忠实粉丝，不过受到当时的商业环境及基础设施的限制，这些达人能够从中获取的回报相当有限。

随着时间的发展，达人群体规模逐渐扩大，互联网在人们的生活及工作中扮演的角色愈发重要，达人价值变现具备了良好的基础，并催生了达人经济。而视频直播平台的不断涌现，直播 + 电商这种良好的变现方式被越来越多的达人所认可。如今，达人从一个互联网概念转变为一种经济产业，未来“直播 + 电商”将成为达人变现的一种主流发展趋势。

◆ 从直播平台的角度

目前直播平台类型主要包括三种：

★以斗鱼、虎牙为代表的以游戏直播为主的竞技及对战类直播平台。

★以映客、一直播为代表的秀场类直播平台。

★以蘑菇街、淘宝直播为代表的电商直播平台。

视频直播的快速发展，吸引了大量的创业者及企业的疯狂涌入。据不完全统计，我国的直播平台数量已经达到了数百家，但最大的问题在于市场不足以支撑如此之多的直播平台，因为直播本身作为一种注意力经济，其具有明显的马太效应，最终直播领域的市场格局应该会是两三家大型综合平台与少量垂直平台共存。

当直播行业的竞争越来越激烈，变现压力越来越大，很多直播平台开始向电商直播平台转型。易凯资本在2016年3月发布的《直播生活》中指出，那些具备大量忠实粉丝的主播达人与月活跃人数居于领先地位的直播平台，在广告投放与促进电商交易方面有着十分广阔的发展前景。

◆ 从电商平台的角度

电商发展之初，其模式红利甚至不需要商家进行引流就能获取较高的回报。在2011年以前，阿里旗下的淘宝、天猫的用户人数成倍增长，但2011年后增速明显下滑，到了今天，其用户增长几乎趋于停滞。为了打破流量困境，阿里与京东等电商巨头开始实施渠道下沉战略，意欲开辟农村电商市场。此外，让电商巨头更为担忧的是，越来越多的新平台抢占流量入口，使他们在电商产业链中的主导地位受到威胁。

毋庸置疑的是，流量是支撑电商能够不断发展的关键所在，而我国的电商产业增速已经明显放缓。在流量成本不断增加以及流量性价比持续下滑的背景下，电商从业者面临着巨大的潜在危机。

而时尚达人群体的崛起和视频直播的持续火热，无疑为电商从业者打破当前困境提供了重大机遇。和传统电商相比，“达人＋直播＋电商”能够为用户实时分享生动形象的视频内容，可以极大地刺激用户购买欲望。观众在直播间内能够看到主播对产品的详细介绍甚至是试用产品，并且在观看直播时，还能得到红包、代金券等，点击购买链接后便可在线下单。

直播、达人、电商三者的深度融合，在提升粉丝群体购买欲的同时，还能够以口碑传播的方式，对产品及品牌进行低成本、高效率的传播推广。这显然是花费大量资金在电视上播放广告的传统营销方式很难实现的效果。

直播电商的优势与障碍性因素

◆ 直播电商的优势

总体而言，直播电商之所以迎来裂变式增长期，主要得益于“天时”“地利”“人和”三大优势：

（1）天时。目前，国内市场中达人经济持续火热、直播平台大量涌现、人们消费需求进一步升级等都为直播电商的发展打下了坚实的基础，这种巨大的优势是传统电视购物模式根本无法提供的。

（2）地利。“直播＋电商”的主导者并非是传统媒体，也不是社交媒体平台、视频网站等新媒体，而是电商平台探索的一种全新的领域，更加注重用户体验及变现基因更为强大的电商平台使人们对“直播＋电商”的发展有了更高的期待。在现有的庞大用户流量及商家资源的基础上，极大地提升产品与用户连接效率的“直播＋电商”必将迎来爆发式增长。

（3）人和。通过直播来有效提升产品与用户连接效率，从而打造闭环生态是各大电商平台想要实现的终极目标。天猫、京东等电商平台进行的战略布局中，丰富并完善自身的内容生态，实现社区化运营，从而将用户最大程度地留在自己的平台。在广大消费者看来，直播为电商购物加入了更多的社交体验、更多的娱乐性，让人们在耗费较低的时间成本的同时，还能让人们作为更高水平的消费决策。

◆ 直播电商的障碍性因素

当然，作为新兴事物的“直播 + 电商”也注定会存在着限制其发展的难题。从目前来看，限制“直播 + 电商”发展的最大的阻碍无疑是技术层面：

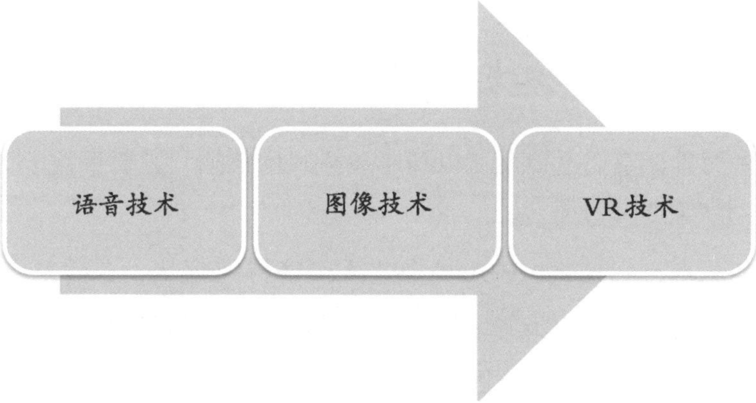

图 18 – 1　直播电商发展的技术性障碍

（1）语音技术：在直播过程中，如果能通过语音技术使营销人员在讲解产品相关信息时，在直播页面提供购买链接，从而让用户直接在线下单，无疑能够极大地提升营销转化率，但甚为可惜的是，目前国内尚未有直播平台具备这种技术。

（2）图像技术：在主播进行营销推广时，如果可以实现借助于图像识别技术，实时地出现该产品的购物链接，让用户享受到便捷易操作的边看边买服务，“直播＋电商”模式的变现能力将得到极大增强。但从技术研发维度上看，要想在直播过程中让用户真正实现边看边买还有很长的一段路要走。

（3）VR 技术：能够让人们更为全面、生动地感知周边世界的 VR 技术应用至“直播＋电商”将成一种必然的发展趋势。用户借助于 VR 设备，可以掌握产品的细节信息，饱受诟病的服装色差、尺寸等问题将得到彻底解决，消费者将在互联网构建的虚拟空间中与主播及其他用户进行交流互动，这将带给人们一种前所未有的极致购物体验。

电商平台都在积极布局“直播＋电商”产业，但参与其中的更多是达人、明星及特定的品牌商，其平台上的绝大部分入驻商家都没有享受到“直播＋电商”所带来的模式红利。当然，从未来的发展情况来看，电商平台为了追求价值最大化，必定会向更多的商家开放相关资源，从而将整个“直播＋电商”产业做大做强。

在消费需求及资本驱动的支撑下，这些技术问题的解决仅是时间问题，类似语音、图像及 VR 技术，其应用范围极其广泛，国家及相关企业在这些技术的研发方面一直投入巨大资源，我们有理由相信，在不远的未来，“直播＋电商”将会在多个领域掀起巨大的产业革命。

以优质内容引爆直播电商流量

虽然业内对直播的内容与形式持有不同的看法，人们对直播今后的走向问题也各持己见，但不可否认的是，直播行业确实吸引了众多投资者及用户的关注。尽管身处舆论中心，直播行业的发展似乎并未受到影响，而是收获了众多目光，涉足该领域的初创企业也不断增多。

直播行业今后的发展方向如何？何种形式的直播将在其今后的发展

过程中占据主导地位？

内容决定一切，直播领域也不例外。虽然目前很多直播平台只注重用户获取，并获得迅速发展，但这类直播平台缺乏丰富的内容支撑，用户黏度不高。尽管这类直播平台可以迅速吸引用户的目光，但当用户发现平台在很长时期内没有优质内容输出时，就会转向其他平台，经营者的变现也就无从谈起，更不用说使用户参与线下活动进行变现了。

所以，直播要想拓宽变现渠道，就必须进行内容建设，打破传统思维模式的限制，增强企业发展的持续性。那么，哪些内容更容易获得用户的认可与青睐？

优质内容能够让人感到愉悦。目前以达人为载体的直播形式就能满足用户在这方面的需求，然而，随着时间的推移，人们的需求水平也在逐步提高，而只依托达人元素的直播平台将处于劣势，所以，运营方需加强内容建设并进行持续性优化。

优质内容不仅能够从形式上打动用户，还能给人以思想上的启发。此外，因为现阶段的直播形式在用户黏度上还不高，为了改善这个问题，也应进一步优化直播内容，提高其专业度。

为了进一步丰富直播的内涵，可将直播的运营与其他领域的发展结合起来。若直播只局限于自己的领域内，其价值就得不到充分体现。为此，需要扩宽直播的应用范围，使其渗入到其他领域中。如今，包括游戏、社交、培训、购物等在内的诸多行业中都体现出对直播的应用，在向其他行业渗透的过程中，直播的形式也不再单调。

比如，直播在淘宝中的应用能够让卖家全方位地展示自己的产品，淘宝的商品详情页添置直播功能后，消费者可据此在线上浏览产品的现场效果及正确的使用方法。直播在众筹行业的应用，给投资者从多维度把握项目方的相关信息带来了便利。以聚米众筹为例，项目方可通过直播形式展示自己的产品，介绍相关信息内容，从而减少投资者的担忧。

直播在教育行业的应用，可实现类似于现场的培训，方便创业者与投资人之间进行及时互动与沟通，能够促成双方之间的合作；不仅如此，创业者还可以就企业的发展问题进行咨询，得到专业回复。

直播应用范围的拓宽，不仅能够使直播形式更加多样化，还能有效降低直播对达人经济元素的依赖性，给直播平台的发展带来更多机遇。对其他领域而言，也能通过与直播的结合找到创新之路。因此，不管是站在哪一方的角度考虑，直播形式的渗透都将产生积极作用。

在扮演流量入口的同时，直播在今后的发展过程中，可能更趋向于工具化。众多企业聚焦于直播行业的发展，就是因为直播吸引了众多用户的目光，能够作为企业的流量入口，扩大其用户规模。

分析现阶段直播的应用情况可知，通过直播形式来聚集用户本身是没有什么问题的，但在如今的市场上，各类直播软件如雨后春笋般纷纷涌现，直播平台在流量吸引方面发挥的作用将不再那么明显。所以，除了流量入口之外，直播还需向其他方向努力。

社交软件通常都表现出显著的社交属性，比如QQ、微信，从应用广度及频率上来说，QQ、微信作为社交工具，成为众多用户的必需品。从这个角度来说，直播也可向“工具”方向发展。经营者可通过直播软件进行产品营销，为用户提供专业的信息咨询服务等，使直播承担更多的工具性应用，并逐渐发展成熟。

昆仑万维向映客直播投资6800万元；亦庄互联基金参与三好网的Pre－A轮融资，其总体融资规模达7500万元；红杉资本、腾讯等参与斗鱼TV的第二轮融资，其总体融资规模达1亿美金；另外，一直播的母公司一下科技获得的E轮融资也达到了5亿美元……投资者的关注进一步提高了直播行业的热度，加入该领域的企业也持续增多，同类企业之间的较量也进入关键阶段。

与此同时，小米创始人雷军、360董事长周鸿祎等在商业界具有较高影响力的人物也开始参与直播，与用户进行互动，互联网巨头企业的布局等都加剧了该领域的竞争，但人们依然看好直播行业的发展前景，并争相开展相关的业务。

由于整个直播行业的发展呈蒸蒸日上之态，该领域的未来走向也逐渐成为人们的话题中心，但从目前的发展情况来看，简单的争论并不能使我们认清事物的发展规律，反而容易错失良机，在这种情况下，最重要的是利用敏锐的洞察力挖掘直播风口，抢得发展先机。

第19章

引流转化：直播电商的变现路径

品牌直播引流与转化实战技巧

在直播过程中，想要有效提升直播转化率，必须通过为用户提供专业指导，来帮助他们降低决策时间成本、提高决策科学性。比如：在直播间的醒目位置插入官方商城的链接，为用户提供推荐商品与同类商品的测评数据等。

在互动性方面，直播要比微信、微博更具优势，对目标群体消费决策的影响力更强，容易引发用户的冲动消费。因为直播是通过实时的视频形式向观众传播内容，而且可以通过文字、语音等和观众进行交流互动，拉近了主播与粉丝之间的距离，使粉丝更容易产生信任感。

如果品牌商想要引入更为精准的流量，主播的选择就显得十分关键。从实践案例来看，选择那些风格、调性和产品及品牌相一致的主播往往更容易取得成功。当然，也要确保帮助自己进行营销推广的主播拥有一定规模的粉丝。尽量在和主播达成合作以前，前往其直播间观看几次直播，了解一下其直播间的人数、弹幕数量，主播与粉丝的互动效果等。

确定合作的主播后，接下来就要考虑怎样将自己的产品或品牌在直播间内展示出来，品牌商可以在主播的身后放置背景板、为主播提供定制版的服装或者是将产品作为道具放在桌子上等。在对产品进行推广时，品牌商需要注意以下四个方面：

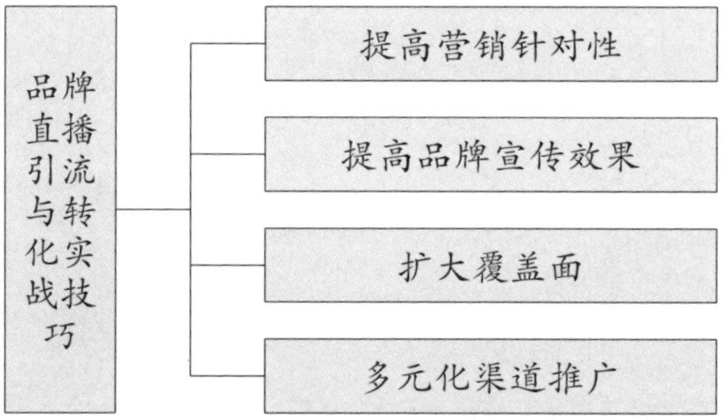

图 19－1　品牌直播引流与转化实战技巧

◆ 提高营销针对性

产品功能、价格、品质、风格等诸多方面的差异，决定了其适合的用户群体是有所不同的，企业在进行营销时，需要对产品的目标用户群体进行精准定位，然后再寻找相应的主播进行合作。

此外，直播这种传播形式并不适合对所有的产品进行营销推广，通常而言，那些功能及应用可以与直播场景深度融合的产品，往往更容易得到直播间内观众的认可。这就提醒企业要充分考虑自身产品与直播场景的契合度。从产品角度看，企业可以对其包装进行一定的调整；从直播场景的角度来看，企业可以请专业人员帮助主播对直播环境进行重新设计，或者是让主播进行户外直播。

◆ 提高品牌宣传效果

为了提升品牌的传播效果，品牌商可以要求主播在直播过程中展示品牌标志，讲述创始人的创业故事、企业的发展历程及品牌理念等。创业者在创业过程中都会遇到各种各样的困难，选择一些有代表性的故事，并将其分享给观众，能够引发他们的情感共鸣，从而提升企业品牌在他们心中的影响力。

◆ 扩大覆盖面

事实上，直播内容在传播方面具有一定的局限性。

一方面直播视频占用的流量较多，不适合像仅有几十秒的短视频一般在微信、微博中进行传播推广。

另一方面，直播具有强烈的时效性限制，主播为了确保可以取得最大的传播效果，往往选择在直播间内人数较高的时间点为品牌商进行推广，在这之前已经离开以及后续进入直播间的用户无法被覆盖，就算是一些财大气粗的直播平台（比如斗鱼、熊猫）会为主播的直播内容录制视频，但从实际效果来看，鲜有粉丝会观看录播内容。

所以，为了实现大规模推广，企业可以尝试和多个主播进行合作，来为自己进行营销推广。而且和在传统媒体上投放广告相比，邀请多个主播在直播中为自己宣传推广的成本更具优势。

◆ 多元化渠道推广

主播除了在直播平台上进行直播外，还会在QQ上开通粉丝群，在微博上开通公众号等，所以，品牌商也要充分借助这一点来进行多渠道推广，从而取得最大化的传播效果。比如，品牌商可以将自己制作的短视频内容提供给主播，从而使其在社交媒体中进行传播。

在市场竞争愈发激烈的移动互联网时代，产品同质化问题愈发突出，用传统的营销方式对产品进行营销推广很难取得预期效果，而通过与具有强大引流能力、能够和粉丝进行实时互动的主播进行合作，不但可以有效降低营销成本，而且能够让主播以产品体验者视角向粉丝实时分享企业产品的特点、优势，从而有效提高转化率。

用户聚焦：锁定目标群体需求

近两年来，直播迎来爆发式增长，在多个领域得到应用，吸引了众多创业者的加入，并呈现良好的发展趋势。电商也纷纷在直播领域展开布局，显示出电商直播蕴藏的巨大潜力和价值。而在电商直播运营过程中，设计是非常重要的环节，成功的设计更是为电商直播的发展起到重要的推动作用。

要维持电商平台的生存与发展，就要采取有效措施吸引用户，之后，还要实现用户的转化，并促使其进行重复消费。所以，电商必须重视流量的获取，还要达到变现目的，提高用户黏度。

传统电商的运营存在如下问题：消费者在决策过程中获取的参考信息十分有限。传统电商主要通过文字或图片方式进行信息传播，但其信息丰富程度不够，缺乏真实性。相比之下，通过直播形式向用户提供的信息更加直观有效，能够让用户对商品各个维度的信息进行把握，促使用户据此做出消费决策。

根据美国视频电商平台 Joyus 的调查结果，相比于传统文字及图片形式的商品推广，用高质量视频促成的用户交易是前者的六倍之多；相比于通过其他方式获取产品信息，通过视频方式实现的商品购买次数比前者高出3.9倍。另一方面，直播能够实现消费者的短期汇聚，能够在商家与消费者之间进行及时、高效的互动，现场氛围的营造也能激发用户的消费需求。

对电商直播平台而言，最关键的是实现直播与电商之间的优势互补，进而带动商家的产品销售。要实现电商与直播之间的融合式发展，第一步要做的是，准确定位两者之间的结合点。电商平台的发展离不开用户的支持，经营者可通过直播聚集用户；同时，还能发挥直播的营销作用，促进产品销售。在这里，将“引流”与“转化”作为切入点，着重分析直播与电商之间的融合。

直播在运营过程中，能够借助网红或明星的影响力，进行娱乐化内容的输出，吸引众多用户观看。电商平台则能够发挥直播的导流作用，聚集足够的用户，为此，直播运营方需要注重内容生产，并面向目标用户进行针对性传播。

从电商的角度来分析，只有获取流量才能促进产品销售。如今，电商在流量获取方面需消耗大量成本，而直播依靠红人的影响力及娱乐化的内容输出，既能聚集大批用户，又有助于平台实现成本控制。

在整个消费过程中，用户自接收信息开始，直至做出消费决策，中间涉及一些重要节点。直播运营者应该对用户接收直播内容的路径进行分析，找出用户在各个节点的需求，为其提供相应的服务，驱使其选购自己的商品，并提高用户黏度。

用户需求不同，他们接触直播的路径也存在差别。根据用户购物目标的明确与否进行划分，电商平台获取的用户包括三类：目标明确型用户、半目的型用户、无目的型用户。

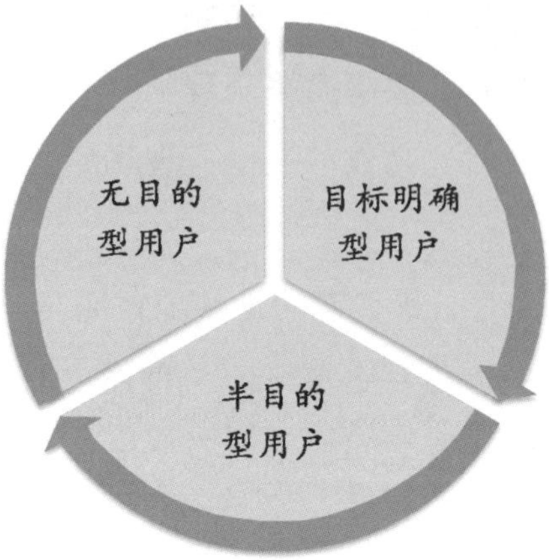

图 19－2　电商平台获取的三种用户

◆ 目标明确型用户

这类用户群体对自身需求有着清晰的认识，举例来说，有的用户想购买最新一代的苹果手机，会在网络平台进行搜索，对商品信息进行具体了解。直播则能够为用户提供产品的全方位信息，为其进行详细解读。

◆ 半目的型用户

这类用户的需求并不清晰，举例来说，有的用户想选购手机产品，但对于具体的品牌、产品型号没有确切指向。用户则会通过网络平台进行搜索，并浏览相关产品信息，通过多方对比最终做出决策。在这种情况下，直播内容的输出会对消费者的选择产生影响，主播通过专业讲解，能够促使消费者下定决心。

◆ 无目的型用户

这类用户群体没有制定消费计划，是在闲暇时间进行信息浏览，被特定内容吸引后会进行更深入的了解。举例来说，用户上网时恰逢某品牌举办主题活动，或者商家进行促销，会驻足观看其直播内容。在这种情况下，直播能够挖掘用户的内在需求，促进商家的产品销售。

与目标明确型用户相比，半目的型与无目的型用户的消费缺乏清晰的指向性，专业的讲解能够为其决策提供参考，并驱使其做出消费行为。电商应该借助直播的优质内容输出，促进商家与用户之间的交易。

互动转化：吸引用户购买商品

通过直播方式打造出来的场景，具有明显的及时性、互动性特征，要聚焦用户的目光，就要注重内容的生产与传播。成功的设计，能够满足用户的信息需求，为用户与主播之间的沟通提供支持，刺激用户的消费需求。为了促进直播转化，要着手于信息传递、互动方式、购物氛围营造三个方面的建设。

◆ 信息传递

声音与持续不断的视频图像是直播的信息载体。与传统的文字、图片相比，直播的及时性为其一大优势。但在信息传递方面，直播也存在不足之处。具体表现为，在信息传播过程中，主播与观众必须保持同步状态。如今，用户的时间呈现碎片化特征，很难实现这一点。很多观众是在直播中途进入的，为了保证用户接收到全部信息，主播需要对关键信息进行重复性讲解。因此，实现主播与用户之间信息传递的有效性是非常重要的。

因为直播是持续进行的，为了提高信息传递效率，避免用户遗漏关键信息，运营方在保证视频画面正常运营的同时，可采用聚合方式，突出表现那些用户关注度较高的信息，让更多用户接收到直播的核心内容。

直播输出的信息内容包括如下两种：既定信息与实时信息。所谓“既定信息”即提前设定好的直播内容，像是直播主题、环节设置等，不会在直播过程中出现变动；“实时信息”即主播根据直播运营需要即兴输出的信息内容。

举例来说，有的观众在直播中询问主播的年龄、所在城市等信息，虽然有的信息超出了主题范畴，但其关注度会在一定时间内迅速上升，在直播过程中，观众在意的信息也并非一成不变。因此，运营方在直播过程中，应该采用固定展示与机动展示相结合的方法，满足用户对既定信息与实时信息的不同需求。

要保证故事讲述的完整性，就要抓住五个关键要素：时间、地点、人物、故事及经过。在直播过程中，同样存在这几个关键要素：

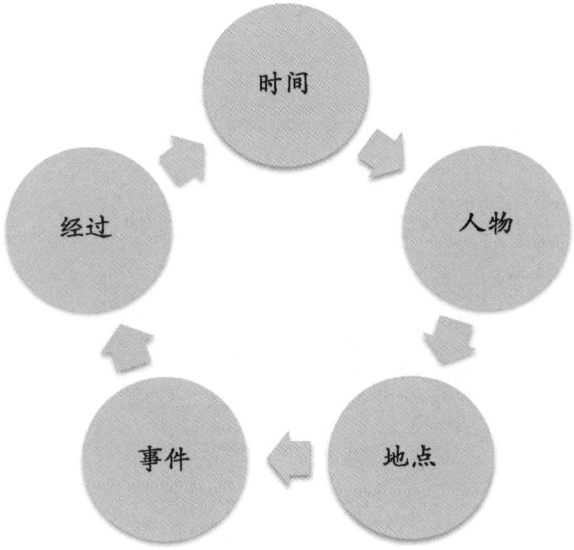

图 19－3　直播活动信息传递的五大要素

（1）时间：对应的是直播的当下状态。直播是一个不间断的过程，时间因素对应到直播间中，即为直播的实时状态，主播要在直播过程中让观众明白，直播在进行当中。

（2）人物：对应的是主播的信息展示。主播主要负责讲述直播的核心内容，向用户提供主播信息，方便用户更好地评估内容价值。举例来说，主播为时尚达人，则主播讲述的服装穿搭经验，对用户而言具有更强的参考性。

（3）地点：对应的是直播所在位置。直播运营方将直播的位置信息提供给观众，能够提高直播内容的可信度。举例来说，在选购海外商品时，如果主播在当地与商家打交道，其筛选的商品则更具有质量保证。

（4）事件：对应的是直播主题。很多娱乐直播没有既定主题，而电商直播通常会以统一主题为中心进行编排。举例来说，某服装品牌主导的直播，将主题设为“品牌新品发布会直击”。通过呈现直播主题，方便用户进行全局性的内容把握，激发用户继续驻足的兴趣。

（5）经过：对应的是直播内容。在整个直播过程中，并非所有内容都是既定的，还有些内容是根据用户需求由主播即兴发挥出来的，对此，运营方可对用户普遍关注的内容进行机动展示，拓宽信息的覆盖面。

◆ 互动方式

主播与用户间的互动构成直播互动的主体，其具体场景体现为，一个主播同时面向众多用户进行内容输出，并与他们进行沟通交流。通常情况下，用户的互动需求包括四个方面：

（1）信息咨询。在观看直播时，用户可能对某些问题产生困惑，希望主播进行讲解。互动方式包括实时连线、留言等。

（2）情绪表达。用户对直播内容表示肯定时，会表现出支持主播。

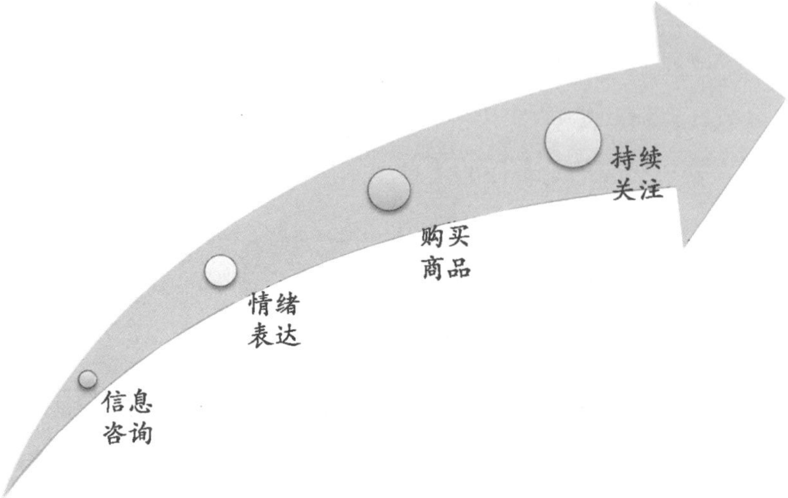

图 19－4　用户互动需求的四个方面

互动方式包括点赞、送礼等。

（3）购买商品。在电商直播过程中，主播推荐的产品吸引了用户的目光，用户想获取商品其他方面的信息。互动方式即进入购物渠道进行消费。

（4）持续关注。主播的表现引起用户的极大兴趣，用户想进一步关注其内容输出。互动方式即关注。

在直播过程中，要降低互动的复杂性，保证直播的视频画面能够正常运营，需要从互动成本和互动意愿两方面出发进行分析，而影响这两个因素的互动方式主要包括评论、购物、点赞、关注四种。

★评论：用户通过评论与主播展开基础性互动。

★购物：将用户转化为平台消费者。

★点赞：用户可表示对主播的支持，且无需消耗大量成本。

★关注：用户持续性关注主播，用于培养用户的忠诚度。

主播需要在直播过程中与用户展开高效互动，要达到良好的商品推荐效果，在保证直播正常进行的基础上，应该发挥主播的专业推荐能力，在直播中对商品进行合理的展示，并向用户提供商品链接，方便用户获取商品信息。举例来说，主播向用户推荐某款手机产品时，用户能够在直播间找到该产品的购买链接。运营方可以通过这种方式，增强用户与商品之间的联系，为流量变现打下良好的基础。

◆ 购物氛围营造

要持续激发用户的消费需求，就要注重氛围的营造。那么，运营方在氛围营造过程中需抓住哪些关键因素，才能促使用户做出消费决策？在这里归结为如下三点：

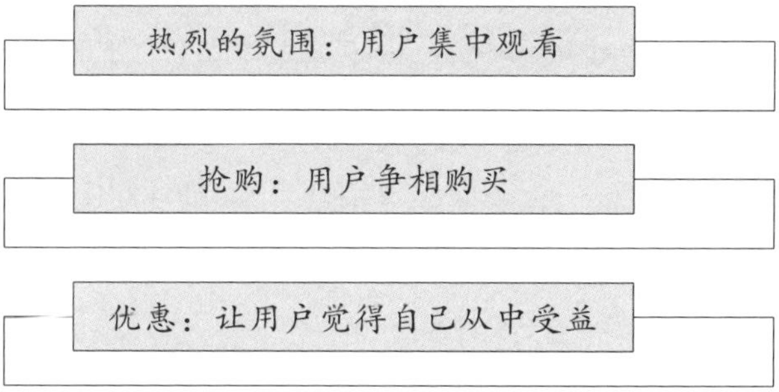

图 19－5　营造购物氛围的关键因素

（1）热烈的氛围：用户集中观看。当主播通过输出优质内容聚集起大量用户，就能带动更多用户的参与。在直播过程中，直播间的观看数量、主播与用户间的互动频次、用户赠送的礼物多少、点赞数量等，都能影响到直播间的氛围。

（2）抢购：用户争相购买。观看直播的用户汇集到同一个直播间中，运营方就可利用人们的从众心理，吸引更多用户进入。所以，在直播过程中，可以向用户展示当前的产品销售情况，例如，400 人已下单，650 人加入购物车等，让用户觉得该产品非常畅销，促使更多用户做出消费决策。

（3）优惠：让用户觉得自己从中受益。在信息泛滥的当代社会，用户的注意力难以长时间集中在某条信息上，直播则需用户付出大量的时间与精力。为了保持用户聚焦于自己的内容，运营方需要向用户提供优惠，提高用户的黏度。

内容输出：沉浸式的购物体验

从全局性角度来分析，通过直播输出的内容包括两大块：视频流与交互层。其中，最为核心的部分是视频流，对于交互层的内容编排，运营方需要做到的第一点就是，确保视频流能够正常运转。

（1）横屏还是竖屏。直播通过场景打造，面向用户进行内容输出，并通过主播与用户展开互动。在内容呈现方面，相比于竖屏，横屏在视觉方面更具延展性；在互动性方面，相比于横屏，竖屏的现场感更强，更能带给用户亲切感。因此，运营方应该根据直播性质在横屏与竖屏之间做出抉择，如果直播以内容展示为主，应该选用横屏；如果直播以主播为中心，注重互动性，应该选用竖屏。

（2）基础框架搭建。在设计直播界面的功能入口时，既要注重功能呈现，又要保证操作的便捷性。

（3）互动消息。在消息推送方面，要将重点信息放在前面，还要根据一定逻辑进行信息展示。在具体方法上，可以根据具体情况进行选择，比如路径引导方式。

（4）氛围营造。通过发布动态信息、互动效果，添加活动元素，或开展游戏等方式，吸引用户的关注。

（5）直播观看体验。为用户提供多元化的体验效果，要降低用户操作对直播运营造成的负面影响。

（6）视觉呈现。在页面布局上，注重细节方面的调整与改善，打造极致的视觉效果。

从网络购物的发展历程来看，在网络基础建设不断完善的今天，移动终端的应用也逐渐普及开来，消费者可以突破时空因素的局限性，通过网络渠道满足对多种商品的需求。近年来，虚拟现实技术迅速兴起，可用于提升用户的购物体验。具体而言，商家可通过打造虚拟场景，带给用户沉浸式的购物体验。直播在电商领域的应用，仍然处于探索时期，当其业务形态获得进一步的发展，直播间将推出统一的设计模式，直播将成为电商平台的标配，不断升级用户的购物体验。